自己啓発の名著から学ぶ

世界一カンタンな人生の変え方

成功データアナリスト
高田晋一

sanctuary books

CHARACTERS

登場人物紹介

TAKATA

タカタシンジ

小さなメーカーの営業部勤務。「特徴がないのが特徴」な、普通のサラリーマン。最近、自己啓発書を読み始めた。

KOBAYASHI

コバヤシワケタ

タカタの同僚。センター分けの髪型がトレードマーク。同僚のハナコが好き。

YAMADA

ヤマダフクオ

タカタの後輩。いつも食べ物のことばかり考えてる、超食いしん坊。

KANEMOTO

カネモトリョウ

タカタの後輩。商社を経営する父とCAの母を持つ、「意識高い系」のお坊っちゃま。

SAITO

サイトウミサキ

タカタの同僚。人気アイドルグループ「ARASHU48」のボーカル「SHUYA」の大ファン。

TAMAKOSHI

タマコシハナコ

タカタの同僚。恋多き女で、玉の輿を夢見ている。

NEKOTA

ネコタゴロウ

タカタの所属する営業部の部長。コワモテの顔のわりに、無類の猫好き。

IKARI

イカリユウゾウ

タカタの勤務する会社の社長。人はいいが、少々短気なところがある。

はじめに

突然ですが、あなたは『7つの習慣』（スティーブン・R・コヴィー著）を読んだことはありますか？　あるいは、『思考は現実化する』（ナポレオン・ヒル著）はどうでしょう？　どちらも、超がつくほど有名な、「自己啓発の名著」とされる書籍ですが、お読みになった方はわかるように、鬼のようにページ数が多く、内容もとても濃くて、よほどこうしたテーマに関心がある方ではないと、読破するのはかなりハードルが高いのではないかと思います。

私自身、20代半ばの頃、会社の上司から『7つの習慣』を勧められたことがあります。ただ、そのときは特に目的意識もなく読み始めたので、結局「第1部」の途中くらいで挫折して、そのまま返してしまいました。

返却する際に上司から感想を聞かれたのですが、「え、え～と（汗）。いやー、さすがはコヴィー先生ですね！　か、感動しました！」と、あからさまに適当な返事でごまかしました。そのときのことを思い出すと、今でも冷や汗が出ます。

それにしても、一部の「読書マニア」や「自己啓発マニア」の方を除いて、自己啓発の名著を読み通すのは、なぜ難しいのでしょうか？

私はあるとき、それらの名著が「自分の人生に対して、何の役に立つのか」「様々なことが書かれているけど、結局、何をすればいいのか」という点が、硬い文章や、圧倒的なページ数によってわかりづらくなっているからではないか、と思うに至りました。

そこで私は、それらの本に書いてある**「結局、何に取り組んだらいいのか（ＴＯ ＤＯ）」**という点だけを抜粋してテキストファイルに書き留めてはどうだろうと思いつき、この作業を始めることにしたのです。

もちろん、それだけで名著が急にすらすら読めるようになるわけではありません。

けれど、「自己啓発の名著から、1冊につき最低1個、『取り組むべきこと』を学ぶ」という目的意識があるだけで、数ページ読んですぐに挫折するということはなくなりました。

また、独自に抜き出した「成功するための習慣」が1つずつ増えていくのがだんだん楽しくなり、それと同時に少しずつ自己啓発書に対する苦手意識がなくなっていったのです。

そして、集まった独自の**「成功習慣」**ファイル（その数は５００を超えます）を前に私が行なったのは、その「分析」でした。

そもそも、私は小さい頃から、自分が関心のあるテーマについて、資料やデータを集めて、整理・分析を加えていく作業が大好きで、社会人になってからは、リサーチャーとして、市場調査やデータ分析という仕事に携わるようになりました。仕事で培ったそうしたノウハウを「自己啓発」という分野に応用したのです。

具体的に私が行なったのは、それまで読んでいた自己啓発書の中でも特に著名なものを選定し、それらに共通して書かれている「成功習慣」の内容を集計・分析することでした。その結果、多くの自己啓発書に共通する「8つの成功法則」を発見することができました(この詳しい分析内容は、前著、『「人生成功」の統計学　自己啓発の名著50冊に共通する8つの成功法則』をご参照ください)。

次に私が行なったのは、ファイルにまとめていた「成功習慣」の数々を、「悩みや迷いがなくなる習慣」や「夢や願望をかなえる習慣」といったテーマ別に整理し、まとめることでした。

そして、それぞれの「成功習慣」に関して、科学的な裏づけなどを検証した上で、1つひとつを自ら実践してみて、効果がありそうな習慣となさそうな習慣を選別していきました。

本書では、その中から、特に効果が高いと思われる習慣を50個厳選して、ご紹介しています。

この50個の習慣を引用している書籍は、カーネギー、ナポレオン・ヒルなど、世界的に著名な自己啓発書から構成されていますので、この1冊を読むだけで、**名著と呼ばれる自己啓発書の重要なポイントだけを手早く理解する**ことができます。

しかも、本書の執筆にあたって、多少抽象的だった成功習慣を、すぐに真似できるTODOにまで落とし込みました（たとえば、「『ちょっとした挑戦』をしてみよう。」という習慣は、より実行しやすい習慣として「いつもより5分だけ早く起きてみよう。」という習慣に落とし込んで紹介しています。詳しくは本文でご確認ください）。

どれも簡単な方法ばかりですので、**誰でも今すぐにでも実践でき、この瞬間から人生を変えることが可能**です。まさに「世界一カンタンな人生の変え方」を1冊に集めた、お買い得な本だと自負しています。

自己啓発書の名著は読んでみたいけど、分厚いページ数を読むのが億劫だと思っているあなたや、抽象論はいいから具体的な実践方法を手っ取り早く知りたいと思っているあなたのために、この本が少しでもお役に立てれば嬉しいです。

成功データアナリスト　高田晋一

※本書の執筆にあたり、その有用性を考えて、あえて入手が難しい名著を紹介している項目があります。また、現在、新版が出版されている書籍でも、著者自身が慣れ親しんでいる旧版を使用した項目もあります。あわせてご容赦ください。

CHAPTER 1 もっと楽しく生きられる6つの習慣

CONTENTS

悩みや迷いがなくなる7つの習慣

CHAPTER 2

CONTENTS

夢や願望をかなえる6つの習慣

CHAPTER 3

CONTENTS

CHAPTER 4
限りある時間を有効に使う 6つの習慣

CONTENTS

人間関係がうまくいく 8つの習慣

CHAPTER 5

CONTENTS

お金持ちになる8つの習慣

CHAPTER 6

CONTENTS

幸せになる9つの習慣

CHAPTER 7

CONTENTS

CHAPTER

1

もっと楽しく生きられる6つの習慣

HABIT 01
いつもより5分だけ早く起きてみよう。

HABIT 02
週に一度、新しいお店でランチをしよう。

HABIT 03
「友達とのランチ」を得点化してみよう。

HABIT 04
1日の終わりに「自分へのご褒美」を用意しよう。

HABIT 05
落ち込んだら自分に「突っ込み」を入れよう。

HABIT 06
いやな気分を感じたら、必ず紙に書こう。

HABIT

01

『フロー体験 喜びの現象学』のミハイ・チクセントミハイ先生に学ぶ、日々を楽しく生きる習慣

いつもより5分だけ早く起きてみよう。

ミハイ・チクセントミハイ教授が書いた『フロー体験　喜びの現象学』は、「幸せ」「喜び」「楽しさ」などの問題を、世界で初めて統合的に研究した意欲作です。

チクセントミハイ教授は、10年以上にわたって、世界中で数千人の回答者から集めた膨大なデータを分析し、どんな経験が人間を「楽しい」と思わせるのかを解き明かしました。

同書のタイトルにもなっている**「フロー」**とは、教授が提唱した概念で、「楽しさ」の究極的な状態（スポーツの世界で言う「ゾーン」という状態とほぼ同じ）を指します。

教授によれば、「フロー」を喚起する状態、つまり人間が最も「楽しい」と感じる瞬間とは、**「自分の能力に見合った、ちょうどよい難易度のことにチャレンジしているとき」**なのだそうです。

たとえば、初心者のあなたがテニスを始めると仮定しましょう。最初の練習で、いきなりプロ選手並みの練習メニューを課せられたとしたら、楽しいと感じる前に途中でめげてやめてしまうのではないでしょうか。

でも、まずは「ネットの向こう側にボールを飛ばす」くらいの練習を命じられたなら、じょじょにコツがつかめてきて、この練習が楽しくなってくるはずです。これは、自分の「能力」レベルと練習の「挑戦」レベルがちょうど釣り合っているからです。

ですが、この練習ばかりを何日もずっと続けさせられたなら、ネットの向こうにボールを飛ばすことにも慣れ、今度は退屈してきてもう少し高度な練習をさせてほしいと思うに違いありません。これは、上手になった自分の「能力」に合った「挑戦」を求めているわけです。

このように、「能力に合った挑戦」に取り組むことによって、私たちは楽しさや喜びを感じることができるのです。そして、日々の生活の中で、こうした機会を増やすには、**ふだん行なっていることよりも少しだけハードルが高いことに挑戦する**ことです。

たとえば、いつもよりも5分だけ早く起きる。少しだけ難しそうな本を読んでみる。ふだん挨拶しない人に挨拶してみる。こうした何でもない「ちょっとした挑戦」が、私たちに無上の喜びや楽しさを与えてくれるのです。

「ちょっとした挑戦」をしてみよう。

BOOK : 01

『フロー体験　喜びの現象学』

ミハイ・チクセントミハイ著　今村浩明訳
（世界思想社、１９９６年）

世界中から集めた数千人分のデータを分析し、「幸せ」「喜び」「楽しさ」などの問題を統合的に研究した意欲作。

この本から他に学ぶべき 3つのポイント

POINT 1
達成可能な
課題に取り組む

POINT 2
明確な目標を持つ

POINT 3
直接的なフィードバック
を受ける

CHAPTER1

HABIT

02

『明日の幸せを科学する』のダニエル・ギルバート先生に学ぶ、一生退屈をしない習慣

週に一度、新しいお店でランチをしよう。

ハーバード大学の社会心理学の教授、ダニエル・ギルバートの著書、『明日の幸せを科学する』は、「未来予測」、つまり人間の心が未来をどのように想像し、それがどの程度正しいのか、について考察した興味深い作品です。この書籍を読むと、人間の心理がまわりの環境の影響でいかに簡単に変化してしまうかを実感させられます。

たとえば、私たちは、ある「嬉しい出来事」が起こると、**最初にそれが起こったときが最もすばらしいと感じ、それ以降同じ出来事がくり返し起きるにつれて、その感動は薄れてしまう**という傾向を持っています。これを、経済学の世界では**「限界効用逓減の法則」**と呼びます。

教授はわかりやすい例として、「わが子に『ママ』と呼ばれたとき」や「配偶者に『愛している』と言われたとき」の最初のときと最後のときを比べればよくわかるはずだ、と述べています。

教授によれば、これに対抗する手段が2つあります。

1つは、**「時間的間隔を空ける」**という方法です。高級料理店のメニューでも毎日食べたならすぐに飽きてしまうでしょう。でも、1年に一度の記念日に食べるようにすれば、それはいつまでも色あせない、おいしいメニューであり続けるはずです。

もう1つは、**「少しずつ変化させる」**という方法です。同じ高級料理店に行くとしても、頼むメニューを今日はこの料理、次行くときはこの料理、といった具合に変えていったなら、それほど飽きを感じずに済むでしょう。

人間は「習慣の動物」と言われます。ぼんやり過ごしていると、昨日も今日も明日も、同じ行動をとりがちです。でも、先ほど見たように、同じ行動をくり返すことは楽しさを減少させていくことにつながります。

そこで、週に一度、**「今までにしたことのないことにトライする日」**を作ってみるのはいかがでしょうか。新しいお店でランチしてみる、読んだことのない本を読んでみる、受講したことのないセミナーを受講してみる……。こうした日を意識的に作り出すことで、よりワクワクする日々を送ることができるでしょう。

「少しだけ新しいこと」を始めよう。

BOOK : 02

『明日の幸せを科学する』

ダニエル・ギルバート著　熊谷淳子訳
（早川書房、2013年）

人間の心が未来をどのように想像し、それがどの程度正しいのかについて、ハーバード大学の人気教授が考察した興味深い作品。

この本から他に学ぶべき 3つのポイント

POINT 1　「記憶の穴埋め」に気をつける

POINT 2　自分がコントロール可能なことに取り組む

POINT 3　相手に不安を抱かせそうなことは説明量を増やす

CHAPTER1

HABIT

03

『HAPPIER』のタル・ベン・シャハー先生に学ぶ、充実した毎日を送る習慣

「友達とのランチ」を得点化してみよう。

『HAPPIER』の著者、タル・ベン・シャハーは、ハーバード大学で哲学と心理学を学び、組織行動論で博士号を取得。現在はハーバード大学の講師となっていますが、同大学で最も人気のある講師であり、彼の講義には、1学期あたり約1400名の学生（ハーバード大学全学生の約2割！）が殺到することで知られます。

同書は、タイトル通り、より幸せな人生を送るためにはどうしたらいいかという問題を、科学的かつわかりやすく解説した、名著中の名著です。

シャハーは、この著書の中で「ハンバーガー」に関する面白いエピソードを紹介しています。スカッシュの全米学生チャンピオンとしても知られるシャハーは、選手権大会の期間中、ダイエットのためにハンバーガーを食べることを自分に禁じていました。そして、トーナメントが終わると、自分へのご褒美として、4つのハンバーガーを注文したのですが、なぜか、あれほど食べたかったハンバーガーなのに、思ったより嬉しいと感じていない自分に気づきます。

シャハーはこれに関して、ジャンクフードであるハンバーガーが、「現在の利益」にはなっても、「未来の利益」にはならない（ジャンクフードは自分の健康にとってよくない）ことが原因であると考え、真の幸福とは、現在の利益である**「喜び」**と、未来の利益である**「意義」**の両方を満たすものであると定義します。すなわち、**「楽しくて意義があること」**こそ、私たちに幸福をもたらしてくれるということで、「意義はあるけど楽しくないこと」も、「楽しいけど意義がないこと」も幸せとは呼べないわけです。

では、「楽しくて意義があること」を特定するにはどうしたらいいのでしょうか。

それには、**まず自分がふだん行なっている行動をリストアップし、それぞれの「楽しさ」と、その活動の自分にとっての「意義」を10点満点で得点化してみましょう。**

たとえば、「友達とのランチ」は、楽しさ：8点、意義：5点（合計13点）。「カフェで読書」は、楽しさ：7点、意義：8点（合計15点）といったように。

そして、その2つの合計得点が最も大きい活動を特定し、この活動に費やす時間を増やしてみましょう。きっと、今までよりも毎日が充実していることに気づくはずです。ぜひ試してみてください。

BOOK : 03

『HAPPIER』

タル・ベン・シャハー著　坂本貢一訳
（幸福の科学出版、2007年）

タイトル通り、より幸せな人生を送るためにはどうしたらいいかという問題を、科学的かつわかりやすく解説した名著。

この本から他に学ぶべき
3つのポイント

POINT 1
「本当に本当に行ないたいこと」の時間を最大化する

POINT 2
「喜び」と「意義」が感じられて、「得意」な仕事を選ぶ

POINT 3
運命の相手を「見つける」のではなく、2人で「育む」

「楽しくて意義があること」に取り組もう。

CHAPTER1

HABIT

04

『なぜ選ぶたびに後悔するのか』のバリー・シュワルツ先生に学ぶ、

楽しさを操る習慣

1日の終わりに「自分へのご褒美」を用意しよう。

『なぜ選ぶたびに後悔するのか』の著者、バリー・シュワルツは、アメリカのスワースモア大学教授で、社会理論や社会行動学を専門とする心理学者です。同書は、色々な選択肢が無数に存在する現代社会が、かえって私たちを不自由にしていることを解き明かした名著です。

シュワルツ教授は、私たちがどのように選択を行なっているか、いくつかの心理学モデルを使って説明しています。その1つが、これから紹介する、**「ピーク・エンドの法則」**と呼ばれるものです。

「ピーク・エンドの法則」とは、ある行動に関する、人間の印象（嬉しさ、もしくは不快さに関する記憶）は、

●その行動のピーク（最高の瞬間、あるいは最悪の瞬間）にどう感じたか？

●その行動のエンド（終わったとき）にどう感じたか？

の2つの要因で決まる、という法則です。

たとえば、次のような心理学の実験があります。

まず被験者に2種類の「不快な音」を聞いてもらいます。1種類目の音は「8秒間」、2種類目の音は「16秒間」と、その長さに違いがあります。つまり、後者の音のほうが2倍も長い不快音が流れるわけですが、その代わりに16秒の終わりのほうで、**少し小さめの音量になってから音が終わる**という仕掛けをしています。

そうすると、後者の音のほうが、不快な音が2倍も長く続くにもかかわらず、被験者に尋ねると、1種類目の音、つまり「8秒」のほうが「不快に感じた」と答えるそうです。つまり、2種類目の音のほうが「終わり方が楽」だったため、こちらのほうが印象がよく記憶される、というわけです。

したがって、同じことを行なう場合でも、「楽しいこと」を最後に持ってきたほうが印象がよりよくなるのです。

これを応用して、**1日の終わりに「自分へのご褒美」を用意する**、というのはいかがでしょう。好きな音楽を聞く、好きな本を読む、何でもいいと思いますが、そうして楽しいことを最後に持ってくることで、その日つらいことがあった場合でも、「いい1日だった」という記憶だけ残して1日を終えることができます。

「おいしいもの」は最後にとっておこう。

BOOK : 04

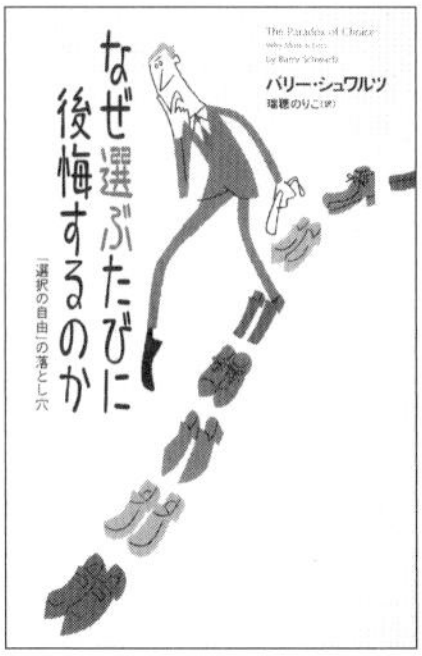

『なぜ選ぶたびに後悔するのか』

バリー・シュワルツ著　瑞穂のりこ訳
（武田ランダムハウスジャパン、２００４年）

無数の選択肢が存在する現代社会が、かえって私たちを不自由にしていることを解き明かし、わかりやすい指針を示した名著。

BOOK : 04-2

この本もおすすめ

『知恵―清掃員ルークは、なぜ同じ部屋を二度も掃除したのか』

バリー・シュワルツ／ケネス・シャープ著　小佐田愛子訳
（アルファポリス、2011年）

状況に応じて判断する能力（＝知恵）を身につけることこそが、質の高い仕事を生み出し、社会を豊かにすると説いた１冊。

CHAPTER1

HABIT

05

『オプティミストはなぜ成功するか』のマーティン・セリグマン先生に学ぶ、落ち込んでもすぐ立ち直る習慣

落ち込んだら自分に「突っ込み」を入れよう。

今、最もホットな心理学分野の1つは、「ポジティブ心理学」でしょう。その創始者とされているのはマーティン・セリグマン教授です。彼の著書、『オプティミストはなぜ成功するか』は、楽観主義者（オプティミスト）が、悲観主義者（ペシミスト）に比べて、いかに優位に立っているかを明らかにしています。

教授によれば、様々な実験や統計調査の結果、**学校の成績、営業実績、スポーツの戦績、選挙の得票率、寿命など、これらすべての面で、悲観主義者よりも楽観主義者のほうがよい結果を残す**ことが確認できたそうです。

では、楽観主義になるためにはどうしたらよいのでしょうか。

これに関して、セリグマン教授は、悲観的な物の見方を変える方法として、**「ABCDEモデル」**という手法を紹介しています。それはこんな方法です。

悲観的なことが起きたとき、その「困った状況」（Adversity）を書き出します。次に、そのときの「思い」（Belief）、「その結果したこと」（Consequence）を書きます。

たとえば、あなたが友達に借りたイヤリングをなくして落ち込んでいるとしたら、こんなふうに書けばいいでしょう。「友達のイヤリングをなくした」（A）。「私は最低だ。友達は私を許さないだろう」(B)。「落ち込んでもう立ち直れない」(C)。

次に、先ほどの「思い」に対して「反論」(Disputation)をしていきます。**「確かな根拠はあるか?」「別の考え方はできないか?」「それは本当に意味があるか?」「その考え方は有効か?」**などの観点から、反論材料を考えるのです。

先ほどの例なら、「本当に友達は許してくれないだろうか? たったそれだけのことで私のことを許さないなんてことはありえないだろう」(D)という反論をすることができるでしょう。こうして自分を「元気づける」(Energization)わけです。

これが「ABCDEモデル」と呼ばれるメソッドで、科学的にもその効果が実証されている、とても強力な手法です。

この「ABCDEモデル」を身につけるには、落ち込んだら、まず心の中で自分に突っ込みを入れるクセをつけるとよいでしょう。

よく考えたら悩むべきことでもなかったことや、くよくよ考えても意味がないことなどはわりとよくあります。そんなとき、自分で自分に突っ込みを入れることで、悲観主義から抜け出すきっかけが生まれるはずです。

自分の「思い込み」に反論しよう。

BOOK : 05

『オプティミストはなぜ成功するか　新装版』

マーティン・セリグマン著　山村宜子訳

（パンローリング、2013年）

ポジティブ心理学の生みの親が、楽観主義者が悲観主義者に比べて、いかに優位に立っているかを明らかにした名著。

BOOK : 05-2

この本もおすすめ

『ポジティブ心理学の挑戦』

マーティン・セリグマン著　宇野カオリ監訳

（ディスカヴァー・トゥエンティワン、2014年）

ポジティブ心理学をリードしてきた著者による10年ぶりの注目の新刊。ずっと続く幸せを手に入れるために役立つ1冊。

HABIT

06

『いやな気分よ、さようなら』のデビッド・D・バーンズ先生に学ぶ、

暗い気持ちを吹き飛ばす習慣

いやな気分を感じたら、必ず紙に書こう。

『いやな気分よ、さようなら』は、認知療法（認知のゆがみを修正することで症状を改善させる心理療法）の手法を使って気分を改善し、憂うつな気分に打ち勝つ方法をわかりやすく解説した名著です。

著者であるデビッド・D・バーンズは、ハーバード大学医学部客員研究員を経て、現在、スタンフォード大学医学部精神行動医学診療准教授を務める、認知療法・認知行動療法のパイオニアです。

バーンズ准教授は同書の中で、憂うつな気分を改善する有効な方法として、**「トリプルカラム法」**という手法を紹介しています。

まず、ノートに落ち込んでいる今の気持ちを記入します。たとえば、あなたが遅刻して怒られていやな気持ちになったとしたら、「自分はいつも遅刻している」「みんなが自分を軽蔑している」「自分はバカだと思われているだろう」などと書き込みます。

次に、書き込んだあなたの思考の中に**「認知のゆがみ」**がないかを検証するのです。たとえば、**「オールorナッシング思考」「過剰な一般化」「拡大解釈」「レッテル貼り」**などのゆがみによって、事実をねじ曲げて勝手に悲観的になっていないかを細かく点検していくのです。

先ほど書き込んだ文章で言えば、「自分はいつも遅刻している」や「みんなが自分を軽蔑している」は**「過剰な一般化」**と言えますし、「自分はバカだと思われているだろう」は**「レッテル貼り」**というゆがみが含まれています。

これに気づけたなら、先ほどの文章の隣にこの認知のゆがみと、そのゆがみを排除した、「より合理的な考え方」を書き込みます。たとえば、「いつも遅刻しているわけじゃない。定刻通りに行っていることもたくさんある」「遅刻しただけで友達が自分を軽蔑するなんてありえない」「バカだと思われているなんてどこに証拠があるんだ?」と書き込むことができるでしょう。

ここまでできたなら、おそらく憂うつな気分はだいぶやわらいでいるはずです。

この手法で最も重要なことは、必ずノートなどの紙に**「書く」**ということです。頭の中でやっていても認知のゆがみを見つけることはほぼ不可能で、紙に書くということで、自分の行為を一歩引いた目で見つめ直すことができるのです。

いやな気分を感じたら、とにかく紙に書くことを習慣づけておくとよいでしょう。

気持ちの「ゆがみ」に気づこう。

BOOK : 06

『いやな気分よ、さようなら　コンパクト版』

デビッド・D・バーンズ著　野村総一郎他訳
（星和書店、２０１３年）

英語版で３００万部売れた、認知療法の手法で気分を改善し、憂うつな気分に打ち勝つ方法を解説した名著のコンパクト版。

この本から他に学ぶべき
３つのポイント

POINT 1　自分の成長や満足感を得ることができる行動を計画する

POINT 2　批判されたら、正確な質問をくり返す

POINT 3　何事も「〜すべき」と考えるのをやめる

CHAPTER

2

悩みや迷いがなくなる7つの習慣

HABIT 07
「ピンチになった瞬間」をリストアップしておこう。

HABIT 08
最悪でも「死ぬわけではない」と自分に言い聞かせよう。

HABIT 09
「解決したらしたいこと」を書き出しておこう。

HABIT 10
「もう一人のあなた」の名前を決めよう。

HABIT 11
身のまわりの「頼れる人」を思い浮かべよう。

HABIT 12
日頃から疲れやストレスに敏感になろう。

HABIT 13
気になることには「なぜ?」と言ってみよう。

CHAPTER2

HABIT

07

『小さな自分で満足するな！』のアンソニー・ロビンズ先生に学ぶ、

絶望から這い上がる習慣

「ピンチになった瞬間」をリストアップしておこう。

『小さな自分で満足するな！』の著者、「世界ナンバー1コーチ」、アンソニー・ロビンズ。彼は、ビル清掃アルバイトをしながら17歳からの2年間で約700冊の成功哲学や心理学に関する本を読破し、様々な講演やセミナーに参加、その後24歳で億万長者の仲間入りを果たしたという、伝説的な人物です。

市販されているアンソニー・ロビンズのオーディオ学習システムは、現在までに3500万セット以上の世界的セールスを記録し、出版する書籍は全世界で1000万部の大ベストセラー。彼のクライアントには、元アメリカ大統領ビル・クリントン、故ロナルド・レーガン大統領、故ダイアナ元妃、投資家ジョージ・ソロス、テニスプレーヤーのアンドレ・アガシ、ハリウッド俳優アンソニー・ホプキンス、音楽プロデューサーのクインシー・ジョーンズなど、そうそうたるVIPが名を連ねています。

同書には、成功をおさめるための様々な考え方が紹介されていますが、この中で、**「絶望から抜け出すためのステップ」**として紹介されている手法があります。

ロビンズによれば、絶望的な状況から抜け出すためには、まず「ひと呼吸おいて自分の感情を見つめてみる」ことが大切です。たとえば、「今、怒りを覚えている」ことを認識するだけで、不思議と怒りが薄まってくる効果があります。

次に、その感情を受け止めます。その感情を無理やり押し殺すことはかえって逆効果です。その上で「本当に自分が感じたいのはどんな感覚なのか？」と自問自答してみます。このとき大切なことは、自分の感情に対して好奇心を駆り立てることだ、とロビンズは述べています。

そして最後に、最も大切なステップとして、**過去の「成功体験」を思い出します**。過去に同じような状態に陥ったとき、自分がどんなふうにうまく切り抜けたのかを思い出して、それをよき実例として今回も応用できないかを考えるのです。過去に一度成功したことならば、今回もきっとうまくいく、と信じられるはずです。

これを思い出すために、**まず過去に自分がピンチに陥ったときのことを思い出して、リストアップしましょう**。そしてそれぞれ、結果的に自分がどうやって切り抜けたかも書き留めておきます。こうしておけば、そのリストを見ることで、過去の成功体験をいつでも思い出すことが可能になるのです。

あなたの「必勝パターン」を思い出そう。

BOOK : 07

『小さな自分で満足するな！』

アンソニー・ロビンズ著　邱永漢訳
（三笠書房、１９９６年）

クライアントにそうそうたるＶＩＰが名を連ねる「世界ナンバー１コーチ」が、潜在能力を活用して成功をおさめる手法を公開。

BOOK : 07-2

この本もおすすめ

『アンソニー・ロビンズの運命を動かす』

アンソニー・ロビンズ著　本田健訳
（三笠書房、２０１４年）

『小さな自分で満足するな！』の原著『Awaken the Giant Within』の新訳・特別編集版。入手も容易に。

CHAPTER2

HABIT

08

『道は開ける』のデール・カーネギー先生に学ぶ、悩みを解消する習慣

最悪でも「死ぬわけではない」と自分に言い聞かせよう。

『道は開ける』は、130ページでご紹介する『人を動かす』と並ぶ、デール・カーネギーの代表作であり、日本国内だけでも200万部以上を売り上げていると言われている名著です。

この中から、カーネギーが**「悩みを解決するための魔術的公式」**と呼んでいる手法について見てみましょう。

カーネギーは、この公式を、空調産業を開発した天才技師だという、ウィリス・H・キャリア氏から教えてもらったと言い、悩みを解決する方法として、自分が知る限り最も優れたものであると述べています。

この、「悩みを解決するための魔術的公式」は次の3ステップから成り立ちます。

①まず状況を分析して、その失敗の結果、起こりうる「最悪の事態」を予測する

②起こりうる最悪の事態を想定したら、やむをえない場合はその結果に従う「覚悟」をする

③これを転機として、最悪の事態を少しでも好転させるように、冷静に自分の時間とエネルギーを集中させる

この公式は、キャリア氏が若い頃、自分に実際に起こったある失敗談から思いついたと言います。

若い頃の彼は、あるガス浄化装置を開発し、完成させました。そして、あとは販売にまわすだけというときになって、うまく稼働しないことに気づき、彼は青くなります。

そこでキャリア氏はこの公式の通り、まず最悪の事態を予測しました。この場合、最悪はクビになることでしょうが、命までとられるということはなさそうです。

そしてクビになったら、他の仕事を探せばいい、と覚悟を決めると、キャリア氏は急に気分が落ち着き、再度、装置を冷静に見直したところ、付属装置をつければうまく稼働するということがわかりました。結果、クビになるどころか、会社に莫大な利益をもたらしたのだとか。

この公式の中でのポイントは「最悪の事態を予測する」ことですが、多くの場合、命までとられるという事態はまれなはずで、**最悪でも「死ぬわけではない！」ということを自分に言い聞かせる**習慣をつけておくと、色々な場面で応用が利くと思います。

あえて「最悪の事態」を想像しよう。

BOOK : 08

『道は開ける　新装版』

デール・カーネギー著　香山晶訳
（創元社、１９９９年）

『人を動かす』と並ぶ、デール・カーネギーの代表作。悩みを克服する方法を教え、今なお世界各国で売れ続ける名著。

この本から他に学ぶべき
3つのポイント

POINT 1　今日、１日の区切りで生きる

POINT 2　悩んでいる事柄を詳しく書き出す

POINT 3　悩む暇がないほど忙殺される

CHAPTER2

HABIT

09

『眠りながら成功する』のジョセフ・マーフィー先生に学ぶ、困難な問題を解決する習慣

「解決したらしたいこと」を書き出しておこう。

ジョセフ・マーフィーは、アイルランド出身でアメリカで牧師として、また著述家として活躍した人物です。その著書は、日本でも「マーフィーシリーズ」として知られています。シリーズの中でも最も有名な、『眠りながら成功する』。この本には、主に潜在意識を利用することで、願望をかなえる方法、病気を治す方法、富を得る方法、恋を成就させる方法など、様々なテクニックと理論が紹介されています。

その中でも、マーフィーが**「どんな困難な問題でも解決する方法」**として紹介しているものを今回は見てみましょう。

難しい決断をしなければならないとき、問題解決の糸口が見つからないとき、まずは心を落ち着かせ、体をくつろがせます。

次に心身がリラックスしたところで、問題を解決する方法を冷静に考えます。

それでも解決法が思い浮かばないときは、**問題が解決したときのことを想像して、その喜びを感じます。**　**そして、その喜びにひたったまま、眠りについてしまうのです。**

そうして目が覚めたとき、答えが思い浮かんでいるはず、というものです。

それでももし、まだ答えが出ていないようなら、いったん忘れてしまってよい、とマーフィーは述べています。そうして他のことに取り組んでいるうちに、突然ふっとよい解決法が思い浮かぶのだとか。

まったく関係ないことをしているときに、脈絡もなく突然よいアイデアが思い浮かんだ経験というのは、多かれ少なかれ誰にでもあるのではないでしょうか。マーフィーが教える方法は、そうしたことが起きやすい環境を人為的に作り出す、というものです。

ただ、この方法の中で難しいステップは、「問題が解決したときのことを想像して、その喜びを感じる」というところだと思います。悩んでいるときに喜びにひたるってなかなか難しいですよね。

そこで、そのために**「問題が解決したらこんなことをしよう！」**ということをリストアップしておくといいでしょう。そうすることで、「解決したときの喜び」を想像しやすくなるはずです。

「起きたら解決している」と信じて寝てしまおう。

BOOK : 09

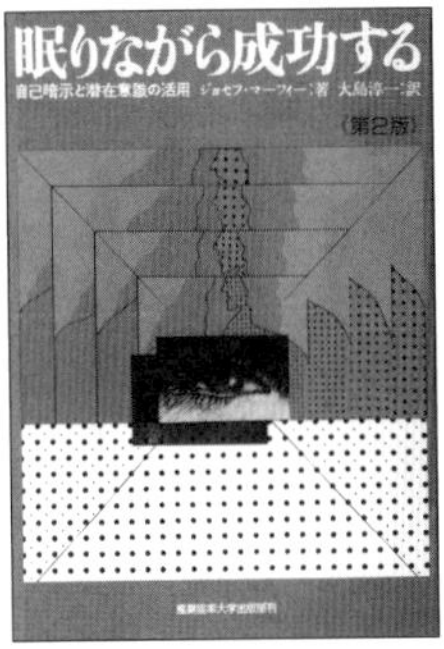

『眠りながら成功する』

ジョセフ・マーフィー著　大島淳一訳
（産能大出版部、１９８９年）

アイルランド出身、アメリカで牧師、著述家として活躍した著者の本でも最も有名な、潜在意識の利用法を書いた１冊。

BOOK : 09-2

この本もおすすめ

『新装版　あなたも金持になれる』

ジョセフ・マーフィー著　和田次郎訳
（産能大出版部、2013年）

マーフィー理論の中でも「富の作り方」にフォーカスをあてた本。多くの読者に支持されている名著。

CHAPTER2
HABIT
10

『最強のセルフプロデュース術』のシェリル・リチャードソン先生に学ぶ、
正しい答えを知る習慣

「もう一人のあなた」の名前を決めよう。

『最強のセルフプロデュース術』は、個人指導のコーチで、国際コーチ連盟の初代会長である、シェリル・リチャードソンが書いた名著です。

自分を大切にする、大事なことを優先する、経済状態を健全にする、ステキな仲間を作る、精神的幸福を得る、など、生活の質（クオリティ・オブ・ライフ）を高めるための具体的なアイデアが、優しさに満ちた文章で書かれています。

この中でリチャードソンが提案しているアイデアの1つは、**「何かに困ったら、もう一人の私に助けを求めよう」**というものです。彼女はこの「もう一人の私」のことを「ワイズセルフ」（賢明なる自己）という言葉で呼んでいます。これは、自分の内なる声、直感、深い洞察、第六感……、そういったものとほぼ同義語として考えてよいでしょう。

たとえば、どの本を買うか、どの映画を観るか迷っているときは、心の中で**「ワイズセルフ」の意見を聞こう**、としています。そうして、心に突然脈絡もなく浮かんだアイデアに注意を払おう、というわけです。

あるいは、何か悩んでいるときには、**寝る前に「ワイズセルフ」に指導を求めてから眠**

りにつこう、とも述べています。そうして、夢の中に出てくる内容や、夜中や朝、ふっと思い浮かんだアイデアが答えになる、ということです。

彼女が最も効果的なアプローチとして推奨する方法の1つは、**「ワイズセルフ」に手紙を書く**という方法です。あなたが悩んでいることについて、あなたが今思っていること、心に浮かぶことを何でも手紙に書き連ねてみましょう。

そうして、書きながら頭の中をからっぽにして、頭の中に答えが返ってくるのを静かに待ちます。そうすると、きっともう一人のあなたが、何かしらのヒントを教えてくれることでしょう。

まずは、「拝啓　親愛なる○○さま」という文言を書いてみましょう。「○○」の中は、「ワイズセルフさま」でもいいですし、自分の名前を入れてもOKです。あるいはまったく違う「もう一人のあなた」の名前を決めてもよいでしょう。そして、そのあとは自分の気持ちがおもむくまま、もう一人のあなたに聞いてほしいことを書いてみてください。気負わず、肩の力を抜いて、もっと気軽にもう一人のあなたを頼ってみましょう。

自分に「手紙」を書いてみよう。

BOOK :10

『最強のセルフプロデュース術』

シェリル・リチャードソン著　大山晶子訳
（きこ書房、2001年）

国際コーチ連盟の初代会長である著者による、生活の質（クオリティ・オブ・ライフ）を高めるための具体的なアイデア集。

この本から他に学ぶべき 3つのポイント

POINT 1
優先事項を
毎日の生活に取り入れる

POINT 2
「絶対イエス！」と
言えないことにはノーと言う

POINT 3
家の中にあなただけの
「お気に入りの場所」を作る

CHAPTER2

HABIT

11

『運のいい人の法則』のリチャード・ワイズマン先生に学ぶ、直感を働かせる習慣

身のまわりの「頼れる人」を思い浮かべよう。

「運のいい人」と「運の悪い人」は何が違うのか？

こんなユニークな研究を行なったのは、イギリスの心理学者、リチャード・ワイズマン博士です。彼は10年の歳月と数百人の調査対象者をもとに、「運のいい人」と「運の悪い人」を分ける、4つの大きな特徴を見つけ出しました。

彼の著書、『運のいい人の法則』は、運のいい人になるための、この4つの法則について詳しく解説されています。


そして、この4つの法則の中でも一風変わっているのが、**「運のいい人は直感と本能を信じて正しい決断をする」**というものです。博士によれば、運のいい人と運の悪い人を比べると、運のいい人のほうが、「直感や本能に耳を傾ける」「直感を高める方法（たとえば瞑想など）を知っている」などの特徴が見られたそうです。

では、直感や本能の「声」を聞くようにするにはどうしたらいいのでしょうか。

ワイズマン博士が提唱しているユニークな方法は、**「洞穴の老人を訪ねる」**というものです。これを紹介してみたいと思います。

まず、静かな部屋でリラックスして椅子に座って、目を閉じ、こんなイメージをしていきます。

●あなたは、山奥の洞穴にいます。洞穴の奥には、霊験あらたかな老人がいて、今あなたが悩んでいることや迷っている選択肢について話しなさいと言います。

●ただし、あなたの状況や利益や損失や理屈、あるいは周囲の期待やあなたの負っている義務などについては、老人は聞く気がありません。あなたが抱いている正直な気持ちや正しいと思う選択肢だけを老人に話すのです。

話し終わったなら、ゆっくり目を開けます。

あなたが老人に話したことこそ、あなたの直感や本能がささやく声です。

本当の気持ちは自分でもとらえにくいため、こうしたシチュエーションを設定して、その中で自分の気持ちを探る、というのはとても有効なやり方です（市場調査で消費者の深層心理に迫る際にも、こうした手法がとられることがあります）。

イメージをわきやすくするには、身のまわりにいる「頼れる人」を思い出して、その人を思い描くといいでしょう。この際、必ずしも「老人」でなくても構いません。あなたがイメージしやすい、頼りになる人をチョイスしましょう。

「頼れる老人」に思いを打ち明けよう。

BOOK : 11

『運のいい人の法則』

リチャード・ワイズマン著　矢羽野薫訳
（KADOKAWA、2011年）

「運のいい人」と「運の悪い人」は何が違うのか？イギリスの心理学者が、運を鍛える4つの法則をまとめたベストセラー。

この本から他に学ぶべき 3つのポイント

POINT 1 ネットワークを広げ、新しい経験を増やす

POINT 2 希望を持ち、楽観的なものの見方をする

POINT 3 可能性が低くても、失敗しても、あきらめない

CHAPTER2

HABIT

12

『富と成功をもたらす7つの法則』のディーパック・チョプラ先生に学ぶ、進むべき進路を知る習慣

日頃から疲れやストレスに敏感になろう。

『富と成功をもたらす7つの法則』は、成功・願望の実現の仕方、物心の豊かさの調和をもたらす方法などを述べた自己啓発書です。

著者のディーパック・チョプラは、インドとアメリカで医学を学んだ、内分泌学を専門とする医学博士であり、ケロッグ経営大学院の非常勤講師です。クリントン元アメリカ大統領、ゴルバチョフ元ソ連大統領から賞賛され、「タイム」誌による「20世紀の英雄と象徴100人」にも選出された、アメリカを代表するスピリチュアル・リーダーとしても知られています。

同書の中でチョプラは、「純粋な可能性の法則」「与える法則」「最小限の努力の法則」「意図と願望の法則」など、成功や幸福を得られる7つの法則を紹介しています。今回は、「原因と結果の法則」にある、幸福につながる「選択」の仕方について見てみましょう。

この中でチョプラは、何かに悩んだとき、迷ったとき、どちらに進むべきかの判断を、「自分の体に問いかけてみよう」と提案しています。

そうして、もし**体が「心地よさ」のメッセージを送ってきたら、それは正しい選択と考えられ、「不快」のメッセージを送ってきたら、それは正しくない選択として考えられる**

そうです（たいていは心臓あたりの位置で反応があると述べています）。

一見、非科学的な手法のように思いますが、**「体の感覚が正しい判断を教えてくれる」**ということは、意外にも多くの心理学者が認めているところなのです。

たとえば、158ページでご紹介する『EQ－こころの知能指数』を書いたダニエル・ゴールマン博士は、「重大なことを決断する際に人間が導く本能的な信号は、大脳辺縁系がひきおこす波動のような形で腹の底からやってくる」と述べていますし、142ページでご紹介する『影響力の武器』の中でロバート・B・チャルディーニ教授も、「自分でやりたくないとわかってることをやらされそうになっていると気がついたときに、ちょうどみぞおちの辺りから合図が発せられます」と述べています。

ただ、いきなり「体の感覚に聞く」と言われても、どうしたらいいかわからないかもしれません。

体が放つメッセージに敏感になるためには、今この瞬間、自分の体がどう感じているかをすくい上げる必要があります。そこで日頃から、**体の疲れやストレスなどに敏感になるようにしておく**とよいでしょう。

自分の「体」に尋ねてみよう。

BOOK : 12

『富と成功をもたらす７つの法則』

ディーパック・チョプラ著　渡邉愛子訳

（KADOKAWA、2014年）

医学博士の著者が、「純粋な可能性の法則」「与える法則」「最小限の努力の法則」など、人生を成功に導く７つの法則を紹介。

この本から他に学ぶべき
3つのポイント

POINT 1　静かで何もしない時間を作る

POINT 2　誰に会うときも「贈り物」を持っていく
(物でなく言葉や祈りでもよい)

POINT 3　執着しない、
すべてにこだわらない

CHAPTER2

HABIT

13

『道をひらく』の松下幸之助先生に学ぶ、

トラブルに負けず成長を続ける習慣

気になることには「なぜ?」と言ってみよう。

松下幸之助によって書かれた『道をひらく』は、昭和43年の発刊以来、累計400万部を超え、今も読み継がれているロングセラーです。

著者の松下幸之助は言うまでもなく、「経営の神様」と呼ばれた、日本を代表する偉大な経営者の1人であり、現在のパナソニックを一代で築き上げた立志伝中の人物で、その経営哲学や思想は、今なお多くの人に影響を与え続けています。

彼の人柄を象徴するエピソードとして、たとえば次のような話が知られています。

当時、同社は製品の売れ行きが半減して在庫があふれ返り、経営危機が迫っていました。そんな中、幹部社員は従業員のリストラを進言します。

これに対して幸之助は、「生産は即日半減するが従業員は1人も減らさない。このため工場は半日勤務とするが、従業員には日給の全額を支給する。その代わり、全員で休日も返上して販売に死力を尽くそう」と決断します。

これに奮起した従業員たちが一致団結し、わずか2か月で在庫を売り尽くしてしまったといいます。何よりも人間を大切にあつかう、幸之助らしいエピソードです。

同書の中で、幸之助はこう述べています。

「日に新たであるためには、いつも〝なぜ〟と問わねばならぬ」

なぜか。たとえば、子供の心は素直であり、わからないことがあればすぐ「なぜ？　なぜ？」と質問します。そして与えられた答えを自分でも一生懸命に考え、考えて納得できなければ、どこまでも「なぜ？　なぜ？」と問いかけます。

こうして子供は成長するのだと幸之助は言います。

「〝なぜ〟と問うて、それを教えられて、その教えを素直に自分で考えて、さらに〝なぜ〟と問いかえして、そして日一日と成長していくのである」

そして、大人もそうでなくてはならない、と幸之助は訴えています。毎日成長を止めないためには、子供にならい、**いつも「なぜ？」と問いかけ、その答えを自分でも考え、また他にも教えを求める必要がある**、と言うのです。

そこで、日頃から気になることなどがあったら、「なぜ？」と言ってみるクセをつけるといいでしょう。心の中でつぶやくだけでもいいですが、実際に声に出すとなお効果的です。ぜひ試してみてください。

疑問を感じたら「なぜ？」と言おう。

BOOK : 13

『道をひらく』

松下幸之助著

（PHP研究所、１９６８年）

「経営の神様」と呼ばれた松下幸之助による短編随想集。累計４００万部を超え、今も読み継がれているロングセラー。

この本から他に学ぶべき

3つのポイント

POINT 1 残りの１％まで手を抜かず、「とどめを刺す」

POINT 2 お客様を大切にし、技術を磨き、心から感謝する

POINT 3 自分が「怖いもの」を意識し、自分を律する

CHAPTER

3

夢や願望をかなえる6つの習慣

HABIT 14
体重計に理想の体重を書いた紙を貼ろう。

HABIT 15
高級ブランドのスーツを試着してみよう。

HABIT 16
ここ1か月でかなえたいことを紙に書き出そう。

HABIT 17
最近一番楽しかったことを思い出そう。

HABIT 18
月に一度、「贅沢をする日」を作ろう。

HABIT 19
財布や手帳に「ほしいものカード」を貼ろう。

CHAPTER3

HABIT

14

『ザ・シークレット』のロンダ・バーン先生に学ぶ、好きなものを引き寄せる習慣

体重計に理想の体重を書いた紙を貼ろう。

あーもう全然やせない…
体重計に理想の体重を貼ってイメージするといいんだよ
へーアンタもそーゆーことするんだ
まずは信じることが大事なの
うん
306
ガチャ
SHU YA
ARASHU48
ただいまアナタ♥

「引き寄せの法則」という言葉を一気に有名にした『ザ・シークレット』。同書は「ニューヨーク・タイムズ」のベスト10に34週にわたってランクイン、うち23週で1位を記録し、全世界で2500万部を突破したそうです。また著者のロンダ・バーンは、「タイム」誌が選ぶ「世界でもっとも影響力のある100人」の1人にも選ばれています。

バーンが言うところの「秘密」(ザ・シークレット)とは、日本でも有名になったこの「引き寄せの法則」のことを指します。彼女は、この法則はユダヤ教、キリスト教、イスラム教、仏教、ヒンドゥー教、バビロニア人やエジプト人の文明や錬金術でも伝えられている秘密、と主張しています。

では、「引き寄せの法則」とは何でしょうか。

一言で言えば、**「思ったもの、願ったことを引きつける」**とされる法則で、彼女によれば、それは次の3ステップで行ないます。

①お願いする(ほしいものや願いを明確にする)
②信じる(すでにそれが手に入ったと信じ、そのようにふるまう)
③受け取る(手に入った喜びにひたり、いい気分になる)

たとえば、今あなたがダイエットをしたいと思っているとします。

その場合、まず「①お願いする」では、痩せて何キロになりたいのか、体重を明確にし、理想とする体形をイメージします。

次に、「②信じる」では、すでにその体重になったようにふるまいます。体重計には理想とする体重を書いた紙を貼り、洋服は理想の体重に合ったサイズのものを買います。

最後に、「③受け取る」では、自分の体のよいところを賛美し、喜びにひたります。

彼女によれば、これだけで理想の体重になることができるそうです。


このステップの中で最もハードルが高いのは「②信じる」、つまり、すでにそれが手に入ったと思い込む、というところでしょう。一番簡単なのは、この体重の例で見たように、体重計の上に理想の体重を貼ってしまうなど、**強制的に事実を書き換えてしまう**ことです。

ちなみに、180ページでもご紹介している、『ユダヤ人大富豪の教え』（本田健著）には、通帳に印字された金額に「0」を何個か足して、理想の貯金額にしてしまう、というアイデアが載っています。これも同じ考え方ですね。

それだけ「引き寄せの法則」は色々な人から支持されているのです。

好きなものが手に入ったと仮定してみよう。

BOOK：14

『ザ・シークレット』

ロンダ・バーン著　山川紘矢他訳

（KADOKAWA、2007年）

「引き寄せの法則」という言葉を一気に有名にした1冊。全世界で2500万部を突破した大ベストセラー。

この本から他に学ぶべき 3つのポイント

POINT 1 「自分が気分がよくなるリスト」を作っておく

POINT 2 「引き寄せたいもの」の絵や写真などを貼った「ビジョンボード」を作る

POINT 3 否定的なものに目を向けず、愛、豊かさ、平和などに目を向ける

CHAPTER3

HABIT

15

『自分を動かす』のマクスウェル・マルツ先生に学ぶ、成功者に近づく習慣

高級ブランドのスーツを試着してみよう。

デール・カーネギーの名著『人を動かす』と対照をなすようなタイトルの『自分を動かす』。著者のマクスウェル・マルツ博士は、コロンビア大学を卒業後、同大学で医学博士号を取得、世界的に有名な整形外科医として活躍した人物です。

同書は、このあと説明する「サイコサイバネティックス」の働きを詳しく解説しているほか、プラス思考の持ち方、リラックスの仕方、幸せを習慣づける方法、「成功人間」への生まれ変わり方など、じつに多岐にわたることについて述べています。

マルツ博士によると、**人間は目標を持ったときに、脳や神経系が成功への「サーボ機構」を働かせて、それを効率的に達成するように仕向ける**ようにできているそうです。博士はこの仕組みのことを「サイコサイバネティックス」と呼びます。

「成功へのサーボ機構」は、目標達成のための手段を自動的に提供してくれ、たとえ目標へのコースを間違えたとしても、制御機能が働いて正しい方向に修正を加えてくれます。

そして博士は、「成功へのサーボ機構」を効率よく働かせるには、**自分が成功しているイメージを描く**ことが重要だと述べています。

たとえば、バスケットボールの「フリースロー」を使ったこんな実験があります。被験者を3つのグループに分け、最初のグループには21日間、毎日フリースローの練習をさせ、次のグループには毎日20分間、フリースローをする自分を「イメージ」させ、最後のグループには何もさせませんでした。すると、最後のグループは特に変化がなかったのに対して、最初と次のグループでは、ともにフリースローの成功率が20％以上も伸びていたそうです。つまり、**イメージの力には、実際に練習するのと同じくらいの効果がある**、ということになります。

具体的には、1日20分、誰にも邪魔されない時間を作り、リラックスした状態の中で、「成功して満足しているあなた」をイメージします。

イメージを豊かなものにするためには、実際に成功者が身につけているものや、していることを疑似体験してみるとよいと思います。たとえば、**高級ブランドのスーツを試着してみる**とか、**高級マンションのモデルルームに行ってみる**、**高級外車に試乗してみる**、などそうすることで、より具体的なイメージがわいてくることでしょう。

「成功した自分」をイメージしてみよう。

BOOK : 15

『自分を動かす』

マクスウェル・マルツ著　小圷弘訳
（知道出版、２００８年）

目標を効率的に達成するための「サイコサイバネティックス」の働きを詳しく解説した、自己啓発書の決定版。

この本から他に学ぶべき
3つのポイント

POINT 1　一度に１つのことにだけ集中する

POINT 2　陽気にふるまい、１日３回は笑う

POINT 3　変えようのない悲劇的な事実は、忘れる

CHAPTER3

HABIT

16

『思考は現実化する』のナポレオン・ヒル先生に学ぶ、願いをかなえる習慣

ここ1か月でかなえたいことを紙に書き出そう。

かなえたい願望は紙に書くと効果的らしいぞ
へー
仕事でノルマを達成する!
玉の輿に乗ってヒルズ族になる!
フフ…
全国ニャンニャンカフェ制覇

数ある自己啓発書の中でも、最も有名な書籍の1つ、『思考は現実化する』。著者のナポレオン・ヒルは、鉄鋼王アンドリュー・カーネギーの要請で、カーネギーが見込んだ「成功者」500人にインタビューを敢行し、彼らに共通する「成功哲学」を綿密に研究・分析しました。同書には、彼が20年間かけて体系化した成功哲学のすべてがまとめられています。

中でも、鉄鋼王アンドリュー・カーネギーに直接伝えられた秘伝として、特に強調して書かれているのが、以下の**「願望実現のための6箇条」**です。

①実現したいと思う願望を「具体的に」させる。
②そのために差し出せる「代償」を決める。
③願望をかなえる「期限」を決める。
④願望実現のための詳細な「計画」を立てる。そしてすぐ行動に移る。
⑤「具体的願望」「代償」「期限」「計画」の4点を紙に書く。
⑥紙に書いた文章を毎日、起床直後と就寝直前に、この願望がかなったところをイメージしながら、大きな声で読む。

この中でも**最も重要なものは「⑥紙に書いた文章を毎日、（中略）大きな声で読む」ことである**、とナポレオン・ヒルは述べます。

かなえたい願望を紙に書いたり声に出して読んだりすることで、それらが深層心理の中に刻まれ、願望がかなうように自然と体が動いていくというわけです。

ただ、中には、そもそも自分の願望が何なのかわからない、かなえたい夢なんて思いつかない、という人も多いのではないでしょうか。

そこで、そのような場合にはまず、**ここ1か月くらいでかなえたい、ちょっとした願望をノートなどの紙に書き出す**ことから始めてみましょう。

「気になっていたラーメン屋に入ってみる」でも、「学生時代の旧友と久しぶりに会う」でもいいと思います。小さな願望でもいいので、紙に書き出していくうちにコツがつかめていき、自分が望んでいる最終的な夢や願望が少しずつ見えてくるはずです。

BOOK : 16

『思考は現実化する』

ナポレオン・ヒル著　田中孝顕訳
（きこ書房、1999年）

成功者500人のインタビューから導いた「成功哲学」を20年かけて体系化。多くの自己啓発書に影響を与えた名著。

この本から他に学ぶべき 3つのポイント

POINT 1　報酬以上の仕事をする

POINT 2　志をともにする仲間を作る

POINT 3　自分の第六感を信じる

願いごとを大きな声で読もう。

CHAPTER3

HABIT

17

『理想の自分になれる法』のシャクティ・ガワイン先生に学ぶ、理想の自分を手に入れる習慣

最近一番楽しかったことを思い出そう。

『理想の自分になれる法』の著者、シャクティ・ガワインは、リード大学、カリフォルニア大学で心理学を学んだあと、ヨーロッパやアジアを巡って東洋哲学・瞑想・ヨガなどを学び、帰国したのち、人材開発分野に専念。世界各国で創造性開発のワークショップを実施している人物です。同書も、500万部を超えるベストセラーになっています。

同書では、もっぱら**「クリエイティブ・ヴィジュアライゼーション（CV）」**という手法についての解説が述べられています。これを見ていきましょう。

CVは次のようなステップで行ないます。

まず、深くリラックスします。深呼吸をしたり、ヨガや瞑想をしたりしてもよいでしょう。また就寝前や起床直後はリラックス状態なので特に効果的です。

次に、自分の願望をイメージします。できるだけ具体的に思い浮かべます（イメージを絵に描いたり、文章にしてもOK）。

最後に、その願望を声に出して言います。このときにいくつか注意点があります。

●必ず、「現在進行形」（「～している」）で言う
●「したくないこと」は言わない。必ず「したいこと」を言う
●できれば短い言葉にしたほうが効果的
●自分にぴったりの内容を宣言する
●自分の感情と矛盾するようなことは言わない
●声に出しているとき、それが本当にかなうであろうことを疑わない

などの点に気をつけましょう。

「ヴィジュアル化」がうまくいかない場合は、**ここ最近起きた、最も楽しかったことを思い出すことから始めるとよい**とガワインは述べています。

たとえば、おいしい料理を食べたこと、マッサージをしたこと、プールで泳いだこと、セックスをしたことなど、そのときのことをありありと思い出して、そのときの喜びにひたります。日頃からこうしたことをくり返しておくと、ヴィジュアル化をするコツがつかめ、ＣＶを行ないやすくなります。

かなえたい夢をヴィジュアル化してみよう。

BOOK : 17

『理想の自分になれる法』

シャクティ・ガワイン著　宮崎伸治訳
（廣済堂出版、１９９９年）

世界各国で創造性開発のワークショップを実施している著者による「クリエイティブ・ヴィジュアライゼーション」の解説書。

この本から他に学ぶべき
３つのポイント

POINT **1** 感謝の気持ちを表す

POINT **2** 今まで不要だと思っていたことにお金を使う

POINT **3** 収入の何％かを寄付する

HABIT

18

『自分の中に奇跡を起こす！』のウエイン・W・ダイアー先生に学ぶ、自分に奇跡をもたらす習慣

月に一度、「贅沢をする日」を作ろう。

鮨
今日は月に一度の贅沢デー！憧れの寿司屋についに来たぞ
キンチョー
えっとおまかせで…
大将！いつものヤツ握って！
むこうの客手慣れてるなァ
いつか俺も…
あっセンパイ
何してるんですか!?ここ僕の行きつけなんですよ

『自分の中に奇跡を起こす!』は、理想の自分に生まれ変わる方法や人間関係をうまくいかせる方法、富を得る方法、自分の個性の生かし方などを述べた、世界的に著名な自己啓発書の1つです。

著者のウエイン・W・ダイアーは、ウエイン州立大学で博士号を取得した心理学博士で、マズローの自己実現をさらに発展させ、個人の生き方を重視する「意識革命」を提唱しています。

ダイアー博士はこの中で、人生に奇跡をもたらす方法の1つとして、**「理想の人生を、あたかも今送っているように行動してみる」**という方法を提唱しています。

心の内に理想像を描き、そして今自分がその理想像になっていると仮定し行動していると奇跡が起きると言い、博士自身の実体験として次のエピソードを紹介しています。

博士は当時、デトロイトの公立高校で教鞭をとりながら、夜間は大学院に通っていました。ある日、職員室にいると、校長が「連邦政府の補助金交付プログラムについて詳しい者はいないか?」と尋ねている声が聞こえてきました。連邦基金のプログラムなどまったく詳しくなかったダイアー博士ですが、恵まれない学生のために特別プログラムを組むことができる仕事は大変魅力的で、自分が詳しいと校長に申し出ます。

そしてその夜、6時間かけてそのプログラムについて勉強し、次の日、補助金申し込みの提案書を仕上げて政府に送り、見事、補助金は交付されました。それどころか博士は、連邦基金プログラムのエキスパートとして、他の学校からもコンサルティングを頼まれるようにまでなったのです。

これこそ、「成功者のフリ」から本当の成功者になったいい例でしょう。

博士にならって、今まで望んでいながらも避けていたことを今日1日、それが実現しているかのようにふるまってみましょう。

たとえば、**月に一度、お金持ちになりきって、贅沢なことをする日を作ってみる**のはいかがでしょうか。あらかじめその日に使う上限額だけ決めておき、高級レストランで食事をする、高級ブランドで好きな洋服を買ってみる、ホテルのラウンジでお酒を飲んでみる……。

こうしたことを日常の中に組み込むことで、潜在意識の中に「成功者」の意識が少しずつ植えつけられるはずです。

成功者の「フリ」をしてみよう。

BOOK : 18

『自分の中に奇跡を起こす！』

ウエイン・W・ダイアー著　渡部昇一訳
（三笠書房、１９９７年）

心理学者の著者が、理想の自分に生まれ変わる方法や人間関係のポイントなどを述べた、世界的に著名な自己啓発書。

BOOK : 18-2

この本もおすすめ

『自分のための人生』

ウエイン・W・ダイアー著　渡部昇一訳
（三笠書房、2011年）

全世界で１７００万部を突破。自分の人生を存分に楽しんで生きるための、正統派自己啓発書。

CHAPTER3

HABIT

19

『信念の魔術』のC・M・ブリストル先生に学ぶ、ほしいものを手に入れる習慣

財布や手帳に「ほしいものカード」を貼ろう。

『信念の魔術』は、「信念」という面にフォーカスして成功哲学を解説した自己啓発書です。

著者のC・M・ブリストルは、駆け出しの新聞記者から始まり、第一次世界大戦の際に軍用列車の中で、「大金持ちになってやる」という決意を固めると、その後、軍の新聞記者に抜擢され、戦後は有力な投資銀行に招かれ、銀行員として出世を重ね、その銀行の大株主となり、最後は著名な投資金融会社の副社長にまで上り詰めた人物。

彼によれば、これらの成功の秘訣はただ1つ、「大金持ちになってやる」という強い信念だそうです。この信念をずっと持ち続けることができたがゆえに、彼は大成功をおさめることができたのです。

同書の中で、強い信念を持ち続けて願望をかなえるための方法として彼が紹介する、**「カードを使う技術」**という手法を見ていきましょう。

まず、名刺大の大きさのカードを4〜5枚用意します。

次に、自分が何よりもほしいものを、自分自身に尋ねてみます。あなたのほしいものは何ですか？　答えが出たなら、**カードにそれを一言で表すような言葉を書き込みます**（たとえば、「就職」「転職」「お金」「家」など）。

すべてのカードを書き終えたら、1枚は書類ファイルに入れ、1枚はバッグの中に入れ、1枚はベッドのそばに置き、1枚は鏡台などに貼り、1枚は机にピンで留めます。

そうして、突然、しばらく便りのなかった人に出会ったり、かつて会ったこともない人を訪ねる気になったり、手紙を出したくなったり、電話をかけてみたくなったら、その直感に素直に従うとよいと述べられています。

つまり、ずっとカードを見続けることで深層心理に刻まれて、その願望を達成するように「直感」が自らを導いてくれる、ということですね。

彼は、書類ファイルやバッグの中、ベッドのそばや鏡台や机などに置くことを推奨していますが、そうした場所が他の人の目にふれていやな場合には、もっとパーソナルなもの、たとえば、**財布や定期入れや手帳などに貼る**ようにしてもいいでしょう。

ナポレオン・ヒルの「願望達成のための6箇条」と同様、毎日見て深層心理に刻みつけることが重要なので、貼るものは何だっていいのです。

「ほしいものカード」を持ち歩こう。

BOOK : 19

『信念の魔術』

C・M・ブリストル著　大原武夫訳
（ダイヤモンド社、1982年）

一新聞記者から投資金融会社の副社長にまで上り詰めた著者による、「信念1つで人生を変革する」哲学の実践書。

この本から他に学ぶべき
3つのポイント

POINT
1 願望達成をイメージする

POINT
2 鏡の前で自分が成功者になることを言い聞かせる

POINT
3 外見や容姿を整える

CHAPTER

4

限りある時間を有効に使う6つの習慣

HABIT 20
スマホに保存してある思い出の写真を見直そう。

HABIT 21
友人が自分の葬儀でかけてくれる言葉を想像しよう。

HABIT 22
墓石に刻む一文を考えてみよう。

HABIT 23
1日30分、「自分のための時間」を作ろう。

HABIT 24
よく人にほめられることを書き出そう。

HABIT 25
今日やった仕事とかかった時間を書き出してみよう。

HABIT

20

『ワクワクする仕事をしていれば、自然とお金はやってくる』のマーシャ・シネター先生に学ぶ、自分の価値観を知る習慣

スマホに保存してある思い出の写真を見直そう。

俺の輝いてた瞬間っていつだったかな
photo
photo
photo
・・・

『ワクワクする仕事をしていれば、自然とお金はやってくる』は、お金や成功が自然に流れてくるような、ワクワクしてできる仕事につくための心理学を詳しく解説した書籍です。アメリカで１００万部を超えるベストセラーになりました。

著者のマーシャ・シネターは、カリフォルニア州の公立学校の教師を長年務めたあと（最後の５年は校長でした）、企業経営者のためのコンサルティング活動を開始。組織心理学で博士号をとっている彼は、組織心理学の立場から企業経営者にアドバイスを与える会社を創立しました。

同書では、「ワクワクする仕事探し」をするためには、自分の一瞬一瞬の意識に注意深くなり、意識的な選択をしなければならない、と説いています。

そのために自分の価値観を知る必要があります。その具体的な方法として、シネターはクライアントに次のようなエクササイズをしているそうです。

それは、かつて**自分が輝いていたときの記憶、成功したときの行動**を思い返しながら、次の質問の答えをノートに書くという方法です。

- **私を幸せにしてくれるものは何だろう？　どんな行為・物・日常の行動などが私を幸福で満たしてくれるだろう？　何をすれば、自分を頼りにできると感じられるだろう？**
- **どんな思い出が私を喜びで満たしてくれるのか？　ずっと達成したかったのに、成し遂げていないものは何だろう？　過去にしたことの中で、私を気持ちよく、ポジティブな気分にしてくれたものは何だろう？**
- **私の特徴や性格の中で、どれを表現したときに、一番嬉しい気分になれただろうか？　ベストを尽くしているときの自分はどんな種類の人間だろうか？**
- **それを持っている、もしくはそのように努力している人を賞賛する、トップ5の価値とは何か？**

過去、あなたが輝いていたときを思い出しながら、これらの質問に答えることで、自分の価値観を洗い出すことができるでしょう。

過去の記憶が思い出しにくい場合は、**過去の日記、手帳、ブログ、SNS、あるいはスマホやデジカメに保存してある写真などをうまく活用する**とよいでしょう。きっとあなただけの輝かしい栄光が見つかるはずです。

BOOK : 20

『ワクワクする仕事をしていれば、
自然とお金はやってくる』
マーシャ・シネター著
（ヴォイス、2001年）

お金や成功が自然に手に入るワクワクできる仕事につくための心理学を解説した、アメリカで１００万部を超えるベストセラー。

この本から他に学ぶべき
3つのポイント

POINT **1** 高い自尊心を持つ

POINT **2** 自分の価値観や好きなことを明確化する

POINT **3** 仕事を通して自己表現をする

あなたが「輝いていた瞬間」を思い出そう。

CHAPTER4

HABIT

21

『7つの習慣』のスティーブン・R・コヴィー先生に学ぶ、人生の目的を知る習慣

友人が自分の葬儀でかけてくれる言葉を想像しよう。

世界で最も著名な自己啓発書の1つ、『7つの習慣』は、全世界合わせて3000万部以上を売り上げ、44か国語に翻訳されていると言われています。

著者のスティーブン・R・コヴィーは、ハーバード・ビジネス・スクールでMBAを取得し、ブリガムヤング大学で博士号取得。その後、同大学で、学長補佐、および経営管理と組織行動学の教授を務めたのち、フランクリン・コヴィー社を創設し、世界各国の政府や企業経営者に対してコンサルティングを行ないました。

同書はそのタイトルの通り、公的成功と私的成功をもたらすための7つの習慣を解説したものですが、今回は第2の習慣、「目的を持って始める」を中心に見ていきましょう。

コヴィーによれば、人生を「目的を持って始める」ためには、**人生の最期の姿を描き、それを念頭に置いて今日という1日を始める**ことが必要です。そうすれば、自分にとって何が本当に大切なのかをベースに、今日の行動、来週の行動、来月の行動を計画することができます。

では具体的に、「人生の最期の姿を念頭に置く」にはどうしたらいいのでしょうか。

これに関してコヴィーは、あなた自身の葬儀を想像してみなさい、と言います。その上で、次の問いについて1つひとつ考えてみましょう。

●**集まってくれた人から、あなたの人生について何と言ってほしいか？　彼らから、どんな夫、妻、父、母、息子、娘、友人、同僚だったと言ってほしいか？**

●**みんなに自分の人格のどういうところを見てほしかったのか？　どういう貢献や業績を覚えていてほしいのか？　彼らの人生にどういう影響を及ぼしたかったのか？**

これらの問いの答えこそが、あなたの人生で最も大切にすべきものであり、人生を「目的を持って始める」ことのベースになるものでしょう。

また、もしこれらの問いを考えるのがハードルが高いようなら、一番身近な友人を1人イメージして、その人が自分の葬儀でかけてくれる言葉をイメージしてみるとよいでしょう。イメージの中で、あなたの大切な友人はあなたを見て、何と言っていますか？　またはどんな言葉をかけてほしいですか？

人生の最期を想像しよう。

BOOK : 21

『7つの習慣』

スティーブン・R・コヴィー著　ジェームス・スキナー他訳
（キングベアー出版、2011年）

公的成功と私的成功をもたらす7つの習慣を解説した超有名自己啓発書。全世界で3000万部以上を売り上げている。

この本から他に学ぶべき
3つのポイント

POINT **1** 自分がコントロールできる範囲に力を集中させる

POINT **2** 「緊急ではないが重要なこと」に時間を多くさく

POINT **3** まず相手のことを理解するように努める

CHAPTER4

HABIT

22

『成功と幸せのための4つのエネルギー管理術』のジム・レーヤー／トニー・シュワルツ先生に学ぶ、

人生の目標を決める習慣

墓石に刻む一文を考えてみよう。

食に生きた男
ヤマダフクオ
玉の輿を
夢見続けた女
タマコシ ハナコ
振られても
振られても
あきらめなかった男
コバヤシ ワケタ
悪くない…
猫をこよなく
愛した男
ネコタ ゴロウ

『成功と幸せのための4つのエネルギー管理術』の著者の1人、ジム・レーヤーはスポーツ心理学の権威で、メンタル・タフネスのトレーニングシステムを開発し、マルチナ・ナブラチロワ、モニカ・セレス、マーク・オメーラなど一流のアスリートを指導してきた人物です。その理論は、「ビジネス・アスリート」にも応用され、IBM、メリルリンチ、ハイアット、エスティローダー、シティグループなど一流企業から高い評価を得ています。

同書は、人間が生きていく上で欠かすことのできない4つのエネルギーである「肉体のエネルギー」「情動のエネルギー」「頭脳のエネルギー」「精神のエネルギー」のそれぞれの管理方法や具体的なトレーニング方法を解説しています。

レーヤーらによれば、トレーニングの第一歩目は、「人生の目標を定める」ことから始まります。目標は、①ネガティブなものからポジティブなものに変化するとき、②付帯的なものから本質的なものに変化するとき、③自分に関するものから他者に対するものに変化するとき、エネルギーの源泉としてより力強く、粘り強く私たちを支えてくれると述べています。

人生の目標を定める上で、あなたの行動指針となる価値基準を探るために、次のような質問への答えを考えてみましょう。

●今、人生の終わりを迎えているとして、あなたが人生で学んだ最も大事なこと（子供たちに伝えたいこと）を3つ挙げてください。また、その理由を挙げてください。

●あなたが心から尊敬する人は誰ですか。その人について、あなたが最もすばらしいと思う点を3つ挙げてください。

●自分のいいところを100%発揮しているときのあなたは、どんな人ですか。

●人生におけるあなたの真の姿が墓石に一文で刻み込まれるとしたら、あなたはどんな文章が刻まれることを期待しますか。

特に、最後の質問がキー・クエスチョンと言えるでしょう。**あなたの人生を象徴する一文を墓石に刻む**としたら、あなたは何と刻むでしょうか。その答えこそが、あなたが目指すべき目標となり、あなたの歩む道しるべとなることでしょう。

あなたの生きた価値を考えてみよう。

BOOK：22

『成功と幸せのための４つのエネルギー管理術』

ジム・レーヤー／トニー・シュワルツ著　青島淑子訳
（CCCメディアハウス、２００４年）

スポーツ心理学の権威が、人間が生きていく上で欠かせない４つのエネルギーの管理方法や具体的なトレーニング方法を解説。

この本から他に学ぶべき 3つのポイント

POINT 1　エネルギーを思い切り消費して、充分に回復させる

POINT 2　現実的な楽観主義を身につける

POINT 3　「他者への関わり」と「自分への思いやり」のバランスをとる

CHAPTER4

HABIT

23

『やりたいことをやれ』の本田宗一郎先生に学ぶ、時間をムダにしない習慣

1日30分、「自分のための時間」を作ろう。

本田宗一郎。日本の歴史に残る名経営者の1人であり、小さな自動車修理工場から、たった一代で世界のホンダを築いた、立志伝中の人物です。

彼とホンダのすごさは、その商品へのこだわりと高い技術力にありますが、『やりたいことをやれ』からは、彼の自由な発想とこだわり抜いた美学が垣間見えてきます。

たとえば彼は、どんな会合にも約束にも、決して遅刻することはなかったそうです。それは、彼の父親が時間に厳しい人だったからのようで、幼い頃に父親から、「人間、生まれもった財産や家柄などは平等とは言えないが、時間だけは全員に平等である。これを有効に使い、うまく利用する人が成功者になる」とよく言われて育ってきた、と述べています。

こうしたことから、彼にとって「時間」は特別な意味を持ち、**「1日24時間という限られた時間から、いかに人間が自由にできる時間を多く獲得するか」**ということを常に考えていたようです。

ホンダがスピードへの挑戦を続けており、F1に参戦してから、1980年代には「F1のホンダ」として知名度を高め、チームとしては6年連続、ドライバーとしては5年連続でホンダエンジン搭載車が優勝を獲得したことから、その当時、「ホンダエンジンなくしては総合優勝を狙えない」とまで言われるようになったのは有名な話ですが、その背景には、本田宗一郎のこうした時間感覚があったと考えられます。

彼は、「寸秒の時間をもおろそかにできない」「世の中はお金よりも時間のほうがずっと大切だ」とすら述べています。忙しい現代人の私たちにとっても、こうしたことは共感しやすいでしょう。

時間を大切にするためには、**自分の大切なこと・やりたいことに積極的に時間を投下する姿勢**が必要になります。今日あなたは、自分のために時間を使いましたか？

仕事の時間、家族の時間も大事ですが、あなた自身を大切にする時間もとても大事です。**まずは1日30分、「自分のための時間」を作りましょう。**

そして、好きな音楽を聞いたり、読みたい本を読んだり、静かに星空を眺めたり、自由な時間を楽しみましょう。

お金より時間を大切にしよう。

BOOK : 23

『やりたいことをやれ』

本田宗一郎著
（PHP研究所、2005年）

日本の歴史に残る名経営者の自由な発想とこだわり抜いた美学が垣間見える、勇気づけられる随想集。

この本から他に学ぶべき 3つのポイント

POINT 1　得意な分野で働く

POINT 2　イエスマンにならない

POINT 3　失敗をおそれない

CHAPTER4

HABIT

24

『人生を変える80対20の法則』のリチャード・コッチ先生に学ぶ、効率的に時間を使う習慣

よく人にほめられることを書き出そう。

サンクチュアリ出版＝本を読まない人のための出版社

はじめまして。
サンクチュアリ出版 広報部の岩田です。
「本を読まない人のための出版社」…って、なんだソレ！って
思いました？ ありがとうございます。
今から少しだけ自己紹介をさせて下さい。

今、本屋さんに行かない人たちが増えています。
ゲームにアニメ、LINEにfacebook…。
本屋さんに行かなくても、楽しめることはいっぱいあります。

でも、私たちは
「本には人生を変えてしまうほどのすごい力がある。」
そう信じています。

ふと立ち寄った本屋さんで運命の1冊に出会ってしまった時。
衝撃だとか感動だとか、そんな言葉じゃとても表現しきれない程、泣き出しそうな、叫び出しそうな、とんでもない喜びがあります。

この感覚を、ふだん本を読まない人にも
読む楽しさを忘れちゃった人にもいっぱい
味わって欲しい。
だから、私たちは他の出版社がやらない
自分たちだけのやり方で、時間と手間と
愛情をたくさん掛けながら、本を読む
ことの楽しさを伝えていけたらいいなと思っています。

「80対20の法則」という言葉をご存知でしょうか。「パレートの法則」「ニッパチの法則」など色々な呼び方がありますが、ごく簡単に言うと、**「結果の80％は原因の20％から生じる」**という経験則を指し、これが様々な現象に当てはまることは広く知られています。

たとえば、以下のように多様な分野でこの法則が当てはまっているとされています。

- **売上や利益の80％を占めるのは、20％の製品であり、20％の顧客である**
- **犯罪の80％は20％の犯罪者が引き起こしている**
- **交通事故の80％は20％のドライバーが占める**
- **離婚件数の80％は20％の人たちが占める**
- **教育上の資格の80％は20％の人たちが占める**

『人生を変える80対20の法則』の著者、リチャード・コッチは、起業家、投資家にして、ベイン・アンド・カンパニーやボストン・コンサルティング・グループなど有名コンサルティング会社で数多くの企業のアドバイザーを務めた経営コンサルタントですが、コッチによれば、この法則は人生にも活用することができる、と言います。

具体的には、人生の80％の成果に結びつく20％の領域に集中せよ、というのが彼の主張です。この20％を特定するために、彼は次のような分析が有効だとしています。

- **多くの人から拍手喝采を浴びたものは何か**
- **自分が勝ち得た賞賛の80％につながった、仕事や遊びの20％は何か**
- **大した努力もせずに、驚くほどうまくいったことがなかったか**
- **自分には簡単にできるが他人は簡単にできないことはないか**
- **仲間の95％より自分が楽しいと思うこと、自分が得意とするものは何か**

もしこうした問いが難しいという場合は、**単純に「あなたがよく人にほめられること」を書き出してみるとよいでしょう。**あなたがよくほめられること、人から評価されることこそ、あなたの80％を生む「20％」である可能性が高いはずです。

そしてこの「20％」に、より多くの時間をかけられないか、考えてみましょう。

「80%の成果」を生む「20%の時間」に集中しよう。

BOOK : 24

『新版 人生を変える 80 対 20 の法則』

リチャード・コッチ著　仁平和夫他訳
（CCCメディアハウス、2011年）

「結果の 80%は原因の 20%から生じる」という経験則を、ビジネスや人生に活用する、世界的ロングセラー。

この本から他に学ぶべき
3つのポイント

POINT 1　これだけは誰にも負けないという能力を磨く

POINT 2　自分が楽しいことや認められやすいことに集中する

POINT 3　自分の核になるもの以外は外部に委託（アウトソーシング）する

CHAPTER4

HABIT

25

『プロフェッショナルの条件』のP・F・ドラッカー先生に学ぶ、生産性を高める習慣

今日やった仕事とかかった時間を書き出してみよう。

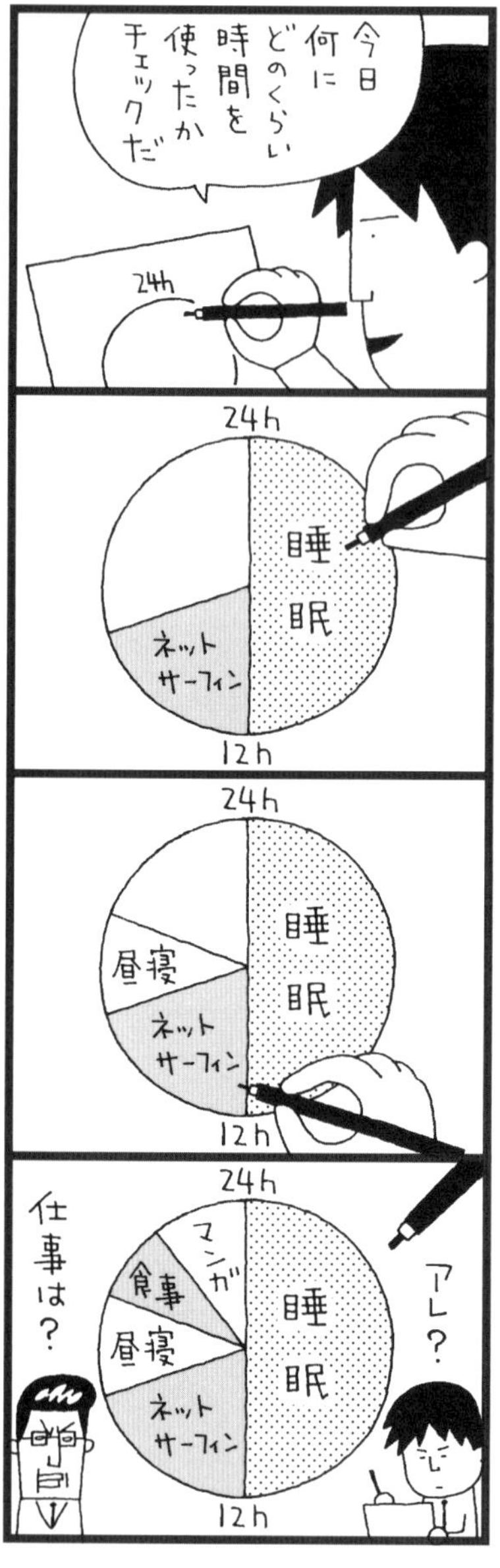

P・F・ドラッカー。アメリカ、クレアモント大学院大学教授であり、世界で最も著名な経営学者と言ってよいでしょう。「現代経営学」や「マネジメント」の概念を提唱した人物として知られ、経営コンサルタントとしても50年以上にわたって、政府機関、大企業、NPOなどが抱える問題の解決に取り組んできましたが、2005年、惜しくもその生涯の幕を閉じました。

彼の著作や論文は、企業マネジメントや社会論などが多い印象がありますが、『プロフェッショナルの条件』は、どのように知的生産性を向上するか、またどのように自己実現を達成していくかなどについてふれています。

彼は、**知的生産性を高めるには、時間を管理する必要があると**述べています。

「成果を上げる者は仕事からスタートしない。時間からスタートする」

なぜか。それは、ドラッカーによれば、あらゆるプロセスにおいて、成果の限界を規定するものは、時間であるからです。

彼によると、生産性を高めるためには、時間を大きなまとまりにする必要があります。なぜならこま切れの時間では意味がなく、ごくわずかな成果を上げるためであっても、まとまった時間が必要になるからです。

時間をまとめるために最も有効なことは、**「時間の使い方を記録する」**ということです。継続して時間の記録をとり、その結果を見て、つまらないことに時間を浪費しているところを見つけます。

次に、この記録に基づいて、「仕事の整理」を行ないます。整理の仕方の1つは、する必要がない仕事を見つけ、それをとりやめることです。整理のもう1つの方法は、他の人間でもやれることを見つけ、それを他の人に任せることです。

こうして仕事を整理したなら、大きくまとまった時間を確保することができ、大きな成果を上げることができます。

まずは、出勤した日の帰りの電車の中で、**今日1日、何の仕事にどのくらいの時間を使ったか、ノートに書き出してみましょう。**そしてその中で、「する必要がない仕事」や「他の人にもできること」がないかを点検してみるといいでしょう。

時間の使い方を記録しよう。

BOOK : 25

『プロフェッショナルの条件』

Ｐ・Ｆ・ドラッカー著　上田惇生訳
（ダイヤモンド社、２０００年）

世界で最も有名な経営学者と言える著者による、知的生産性の向上と自己実現の指南書。

BOOK : 25-2

この本もおすすめ

『チェンジ・リーダーの条件』

Ｐ・Ｆ・ドラッカー著　上田惇生訳
（ダイヤモンド社、２０００年）

ドラッカーが考えるマネジメントのエッセンスが詰まった好著。『プロフェッショナルの条件』の次に読みたい。

CHAPTER

5

人間関係がうまくいく8つの習慣

HABIT 26
会話の終わりに相手の名前を呼ぼう。

HABIT 27
待ち合わせの時間は余裕を持って決めよう。

HABIT 28
人の話を聞くときは相づちを打とう。

HABIT 29
エレベーターに乗ったら率先してボタンを押そう。

HABIT 30
女性には気にかけている姿勢を見せよう。
男性にはストレートに感謝を表そう。

HABIT 31
パートナーの「親友」の名前を知ろう。

HABIT 32
相手が話しているときは黙って聞こう。

HABIT 33
感情的になったら「冷静、冷静」と自分に言い聞かせよう。

CHAPTER5

HABIT

26

『人を動かす』のデール・カーネギー先生に学ぶ、人に好かれる習慣

会話の終わりに相手の名前を呼ぼう。

おはようございますタカタさん
おはよう
食事中
コレすごくおいしいですねタカタさん
うんおいしいね
会議中
僕はこう思うんですタカタさん
なるほどいいと思うよ
ミサキさんのことずっと見てますねタカタさん！
しーしー

全世界で累計1500万部のベストセラーである、デール・カーネギーの『人を動かす』。これだけ読んでいれば、他の人間関係の本を読まなくても大丈夫、と言い切ってもいいくらいのスグレモノの1冊です。

その中でも最も簡単で、一番重要な習慣が、**「相手の名前を覚える」「相手の名前を口にする」**。この2つです。

たとえば1回挨拶しただけの人が、次に会ったときに「ああ、○○さん、久しぶり」と声をかけてくれたら、その人への好感度が一気に高まることでしょう。

自分の名前を覚えてくれて、名前を呼ばれるというのはとても気分がいいものです。これは、人間が、他人の名前には大して気を留めないが、自分の名前には大きな関心を持つからだとカーネギーは述べています。

同書によると、アメリカのルーズベルト大統領の選挙参謀として知られた、民主党全国委員長のジム・ファーレーはなんと、5万人もの人の名前を覚えていたと言われます。

彼はもともと石膏会社のセールスマンだったのですが、そのときに、初対面の人の名前を必ず覚える習慣をつけました。初対面時に相手の名前、家族構成、職業について聞き出し、覚えるようにする。そして、再度会ったとき（たとえそれが1年後でも）名前を呼び、家族のことについて尋ね、ときには庭の植木についてまで話すことができたと言います。この彼の姿勢が民主党の強固な支持基盤につながりました。

彼は人を動かすのに、特別なことはしていません。ただ、名前を覚え、口にしただけです。それが一生ものの信頼関係に変わったのです。

でも、人の名前を覚えるのは、なかなか難しいですよね。そこで習慣づけておくといいのが、**「会話の終わりに相手の名前を呼ぶ」**ということです。

初対面で名刺をもらったとき「はじめまして、○○さん」と相手の名前を必ず言う。その後もことあるごとに名前を呼ぶクセをつけましょう。

「それ、いいですね！　○○さん」「僕はこう思いますが、いかがでしょう？　○○さん」「また会いましょう、○○さん」。こうすることで相手の名前が自然に頭に入ってきますし、相手との距離もぐっと近くなります。

相手の「名前」を口にしよう。

BOOK : 26

『人を動かす　新装版』

デール・カーネギー著　山口博訳
（創元社、1999年）

本書を読めば他の人間関係の本を読まなくても大丈夫、と言い切ってもいいくらいの名著。累計1500万部のベストセラー。

この本から他に学ぶべき
3つのポイント

POINT 1　心からほめる

POINT 2　明確な目標を持つ

POINT 3　直接的な
フィードバックを受ける

CHAPTER5

HABIT

27

『リーダーになる』のウォレン・ベニス先生に学ぶ、人を味方につける習慣

待ち合わせの時間は余裕を持って決めよう。

『リーダーになる』は、「CEOの肩書きを持つ作家」「財団を率いる科学者」「閣僚経験のある弁護士」「すでに3つ目のキャリアに挑む若者」など、多方面で活躍する「リーダー」たちへのインタビューなどをもとに、彼らがどうやってリーダーになっていったかを解き明かした意欲作です。

著者、ウォレン・ベニス教授は南カリフォルニア大学経営管理学教授で、レーガン、カーターなど4人のアメリカ大統領顧問、国際的大企業や各国政府のアドバイザーなどを務めた、リーダーシップ研究の第一人者です。

ベニス教授はこの本の中で、リーダーに欠くことのできない特質の1つとして、**「人を味方につける」**ことを挙げ、さらに人を味方につけるために、以下の4つの要素が満たされていることが重要だと述べています。

- **「一貫性」　常に首尾一貫していて、初志貫徹する**
- **「言行一致」　自分が言ったことを実行する**
- **「頼りがい」　ここぞというときに仲間を支援する**
- **「誠実さ」　誓ったことや約束したことを必ず守る**

つまり、一言でまとめると、**「自分の言ったことに責任を持って行動する」**ということになるでしょう。

常識的に考えて、言っていることがころころ変わる人や、言っていることとやっていることが全然違う人、約束を守らない人についていきたい、と思う人はいないでしょう。たとえそれが小さな約束だったとしても、一度言ったことは必ず守る、という姿勢が重要なのです。

こうした姿勢を貫く、一番シンプルなやり方は、**「最初からできそうもないことを言わない」**ということです。

たとえば、「17時には行けると思う」と言って遅刻するよりは、最初から「遅刻すると悪いから18時にさせて」と言ったほうがよいでしょう。同じように、「行けたら行く」と言っておいて行かないよりは、「たぶん行けないと思う」と言ったほうが言われた側はストレスが少ないはずです。

このように、言ったことに責任を持つ・責任の持てないことは言わない、という姿勢が、人を味方につけていく秘訣です。

小さな約束を守ろう。

BOOK : 27

『リーダーになる　増補改訂版』

ウォレン・ベニス著　伊東奈美子訳
（海と月社、2008年）

多方面で活躍するリーダーたちへのインタビューをもとに、彼らがどうやってリーダーになっていったかを解き明かした意欲作。

この本から他に学ぶべき 3つのポイント

POINT 1　自分のことを知る

POINT 2　積極的に学ぶ

POINT 3　直感に従う

CHAPTER5

HABIT

28

『史上最強の人生戦略マニュアル』のフィリップ・マグロー先生に学ぶ、

相手をうまく操る習慣

人の話を聞くときは相づちを打とう。

ちょっと聞いてほしいことがあるの
今日はハナコの話を全部受け入れるぞ
私最近老けたかな?
うんうん
もう女として終わってる?
うんうん
…
アレ?

『史上最強の人生戦略マニュアル』の著者、フィリップ・マグローは、行動科学で博士号を取得し、アメリカ有数の訴訟コンサルタント会社、「コートルーム・サイエンシィス（法廷科学）」を創設した、いわば対人関係のプロです。

同書は、人生を戦略的にデザインし、成功を勝ち取ることを説いた書籍で、10の「人生の法則」の紹介をはじめ、人生戦略の立て方、目標設定のための7つのステップ、成功者に共通する10の要素など、非常に役立つ内容が書かれています。また近年、本書は経済評論家の勝間和代さんが翻訳をしたことでも有名になりました。

この中でマグローは、「万人に共通する特徴」というリストを提示しています。優れた洞察に満ちた、有用性の高いもので、この中から一部をご紹介したいと思います。

- **すべての人が一番恐れるのは「拒絶される」ことである**
- **すべての人が一番必要としているのは「受け入れられる」ことである**
- **人を動かすには相手の自尊心を傷つけない、もしくはくすぐるやり方をとらねばならない**
- **人は、自分が理解できることだけに耳を傾け、自分の中に取り入れる**

●人は、自分に好意を持っている人を好み、信じて頼る

まとめると、相手をうまく操るには、**相手を受容して、うまく自尊心をくすぐり、相手からの好意を獲得すべき**、ということですね。わざわざ「すべての人が〜」とマグローが強調しているように、どんなに地位が高い人でも、お金を持っている人でも、若者でもお年寄りでも、「相手に受け入れられたい」というマインドを持っているというのは、当然のようでとても重要な事実だと思います。

そして、「あなたを受け入れていますよ」と相手に示す、最も簡単なアクションは、相手が話しているときに**「相づちを打つ」**ことでしょう。相づちを打つことで、相手はあなたがちゃんと聞いてくれている、受容してくれる、と認識することができます。

特にオーバーなリアクションをとらなくてもよいので、うなずいたり簡単な返事をしたりして、相づちを打つことで相手の機嫌はきっとよくなるはずです。

相手を批判せずに受け入れよう。

BOOK : 28

『史上最強の人生戦略マニュアル』

フィリップ・マグロー著　勝間和代訳
（きこ書房、2015年）

人生を戦略的にデザインし、成功を勝ち取ることを説いた1冊。経済評論家の勝間和代さんが翻訳をしたことでも有名。

この本から他に学ぶべき
3つのポイント

POINT **1** 自分の「見返り」を用意しておく

POINT **2** たとえ憎らしい相手でも許す

POINT **3** 自分が求めているものを知る

CHAPTER5

HABIT

29

『影響力の武器』のロバート・B・チャルディーニ先生に学ぶ、相手に必ずイエスを言わせる方法

エレベーターに乗ったら率先してボタンを押そう。

『影響力の武器』は、「承諾誘導」、つまり「相手にイエスを言わせる」ための様々なテクニックを体系的に研究した、非常にすばらしい書籍です。

著者であるロバート・B・チャルディーニはアメリカを代表する社会心理学者の1人であり、アリゾナ州立大学の教授で、社会的影響過程、援助行動、社会的規範などに関する専門家です。

教授は、同書の執筆のために様々な承諾誘導のプロ、つまり、凄腕セールスマンや詐欺師、募金勧誘者、広告主などに接触し、実際に販売や勧誘を受けたりしながら、承諾誘導を研究したと言われています。そして、ついに承諾誘導が次の6つの原理のいずれかを応用していることを突き止めました。

6つの原理とは「返報性の法則」「コミットメントと一貫性の法則」「社会的証明の法則」「好意の法則」「権威の法則」「希少性の法則」の6つです。今回はこの中から、「返報性の法則」を見ていきましょう。

「返報性の法則」とは、**「人間は親切を受けると、その人にお返しをせずにはいられなくなる」**という心理傾向のことを指します。

たとえば、次のような実験があります。実験者が一般人を装って、初対面の実験対象者に「新車が当たるくじ付きチケットを買ってくれませんか?」とお願いをします。その際に、あるグループでは、依頼をする前に、実験者が対象者にコーラをおごる、という「親切」をします。一方、他のグループでは特に何もしないで依頼だけをします。すると、特に何もしなかったグループに比べて、**「事前にコーラをおごった」グループでは、2倍もそのチケットを購入してくれた**、というものです。

この実験結果が示す事実は、一方的に得をしているのは「実験者」のほうで、実験対象者はただコーラを渡されてチケットを買わされただけ、ということです。

このことからわかるように、**「先に親切にしておく」ことで、いざというときに相手に自分の欲求を通しやすくすることができる**のです。そういう意味でも、日頃から人には親切にしておきたいものですね。

身のまわりでできる小さな「親切」はたくさんあります。エレベーターの「開」ボタンを開けてあげる、奥側の席を譲ってあげる、注文を聞いてあげる、そうした何でもない親切が、いつかあなた自身の役に立つことでしょう。

相手に必ずイエスを言わせる方法

相手より先に親切にしよう。

BOOK：29

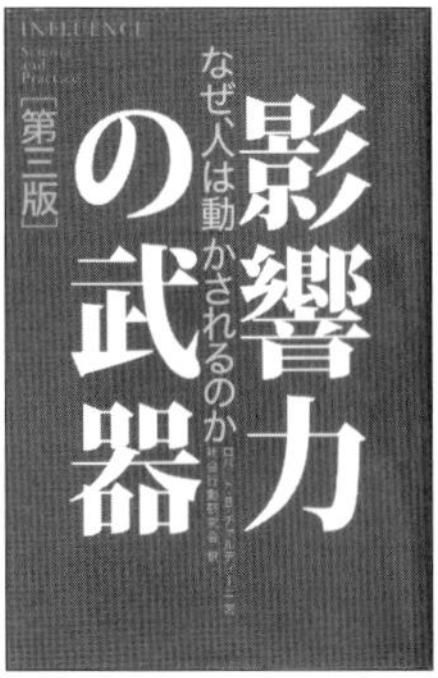

『影響力の武器　第三版』

ロバート・B・チャルディーニ著　社会行動研究会訳
（誠信書房、2014年）

社会心理学者の著者が、「承諾誘導」、つまり「相手にイエスを言わせる」ための様々なテクニックを体系的に研究した名著。

この本から他に学ぶべき 3つのポイント

POINT 1　**軽い賛成の意思表示をさせる（「コミットメントと一貫性の法則」）**

POINT 2　**他の人も賛成してくれていることを示す（「社会的証明の法則」）**

POINT 3　**数量や時間が限定されていることを告げる（「希少性の法則」）**

CHAPTER5

HABIT

30

『ベスト・パートナーになるために』のジョン・グレイ先生に学ぶ、異性を喜ばせる習慣

女性には気にかけている姿勢を見せよう。男性にはストレートに感謝を表そう。

アメリカの著名な心理学者、ジョン・グレイ博士によって書かれた『ベスト・パートナーになるために』。

原著のタイトル、『Men are from Mars, Women are from Venus（男は火星から、女は金星からやってきた）』という言葉からもわかる通り、男性と女性はもともとまったく異なる人種であり、同じことが起きても男性はこう解釈するのに対して、女性はこんなふうに考える、という違いを赤裸々につづった書籍です。

そんな男女の感じ方が異なる典型として、グレイ博士が挙げているのが次の例です。

●男性は、相手の女性のために何か大きなこと（高価なジュエリーをプレゼントする、海外旅行へ連れて行く、など）をしてあげれば点数を稼げると思っている。つまり**男性は、大きなことをしてあげれば30点、小さなことしかできなければ1点と勝手に計算する。**

●女性は、男性を採点するときに、**贈り物や親切の大小にかかわらず、1つのことは1点として評価する。**女性にとっては一輪のバラをもらうのも、高価なジュエリーをもらうのも、同じくらいの点数なのである。

男性はつい、豪華なプレゼントをすれば女性は喜ぶはずだ、と考えがちですが、それ以上に大切なことは、**相手のことをきちんと気にかけているという姿勢**だ、と博士は言うのです。

具体的に博士が勧めるのは、**「挨拶をする」「相手の話を聞く」「相手の悩みに同情と理解を示す」「小さなプレゼントをする」「『何か手伝おうか？』と申し出る」「相手の外見やファッションをほめる」**などです。

これに対して、女性はどうすればいいでしょう。博士は言います。

「女性はそれに対してとりわけ注意を払い、感謝の気持ちを表す必要がある。（中略）彼らは、『そんなこと当然よ』と女性が思っていると感じれば、すぐにやめてしまうだろう。特別な努力を払っていることを認めてほしいのだ」

女性は男性が示してくる気配りや思いやりに対して、**ストレートに感謝を表せばいいと**いうわけです。

こうした男女の「感じ方」の違いに注意しながら、異性に接したいものです。

男女の感じ方の違いに注意しよう。

BOOK：30

『ベスト・パートナーになるために』

ジョン・グレイ著　大島渚訳
（三笠書房、２０１３年）

アメリカの著名な心理学者による、「男女の感じ方」の違いを赤裸々につづった１冊。よりよい関係を築きたい方必読。

BOOK：30-2

この本もおすすめ

『ベストフレンド　ベストカップル』

ジョン・グレイ著　大島渚訳
（三笠書房、２００２年）

愛する人とどうしてわかり合えないのか？　居心地のいい関係を築くための「感情の法則」を徹底解説。

CHAPTER5

HABIT

31

『結婚生活を成功させる七つの原則』のジョン・M・ゴットマン／ナン・シルバー先生に学ぶ、
パートナーとうまくやっていく習慣

パートナーの「親友」の名前を知ろう。

ニャンタのことなら何でも知ってるぞ
好きなクッションはコレ
ニャー
好きなネコ缶はコレ
ニャー
親友はもちろん私だ
……
…えっ？

『結婚生活を成功させる七つの原則』は、ジョン・M・ゴットマン博士とナン・シルバーによって書かれた書籍で、夫婦関係をよくする7つの原則を紹介しています。

ゴットマン博士は、ワシントン大学の心理学教授で、シアトル結婚・家族研究所の所長でもあり、結婚と家族問題で最先端を行く研究者です。

博士は、長年の研究の結果、夫婦の会話をたった5分観察するだけで、その夫婦が幸福な結婚生活を送れるのか、離婚の道を進むのか、なんと**「91%」の正確さで予測できる**そうです。

博士が見つけ出した、夫婦関係をよくするという7つの原則のうち、最初に紹介されている基本的な原則は、**「2人で『愛情地図』の質を高め合う」**ということです。今回はこれを見ていきたいと思います。

「愛情地図」とは、博士が考え出した言葉で、「配偶者の人生に関係ある情報を頭の中で描いた図面」のことです。

博士によれば、幸福な結婚生活を送っている夫婦は、相手の趣味やスポーツ、願望、信念、夢、悩み、不安なことなどについてよく知っており、忙しくても1日の出来事を話し合うなどの時間を持っていると言います。

博士が研究した新婚夫婦のうち、最初に子供が誕生してから、67%が結婚生活に不満を覚えるようになったと答えたものの、残りの33%はかえって満足度が増したと答えています。そして後者の夫婦50組を調べたところ、**全員がこの「詳細な愛情地図」を持っていることが確認できた**そうです。

このことを、博士は端的な表現で、「知識は力である」と述べています。

では、具体的にパートナーの何を知ればいいでしょうか。例として、博士は次のようなことを挙げています。**「パートナーの親友は?」「パートナーのライバルは?」「パートナーに最近起こったニュースは?」「パートナーが現在ストレスを感じていることは?」「パートナーがかなえたいと思っている夢は?」**

もしこれらの質問に答えられないようなら、これらをパートナーに尋ねることから始めてみてはいかがでしょうか。

BOOK :31

『結婚生活を成功させる七つの原則』

ジョン・M・ゴットマン／ナン・シルバー著　松浦秀明訳
（第三文明社、２００７年）

ワシントン大学の心理学教授が、幸福な結婚生活を送るための７つの原則を豊富な事例とともに紹介。

パートナーに関する知識を増やそう。

この本から他に学ぶべき

３つのポイント

POINT **1** 相手への思いやりと感謝の心を育てる

POINT **2** 相手の意見を尊重する

POINT **3** ２人で解決できる問題に取り組む

CHAPTER5

HABIT

32

『言いにくいことをうまく伝える会話術』のダグラス・ストーン先生に学ぶ、スムーズな話し合いをする習慣

相手が話しているときは黙って聞こう。

『言いにくいことをうまく伝える会話術』は、ダグラス・ストーンらで構成される、ハーヴァード・ネゴシエーション・プロジェクトによって書かれました。

ハーヴァード・ネゴシエーション・プロジェクトとは、ハーヴァード・ロースクールなどで交渉やコミュニケーションのやり方を研究・教育する専門家集団で、様々な企業、政府、組合、地域団体、個人に対して相談に乗っています。

同書は、そのタイトルの通り、会社で、家庭で、男女関係で、難局を切り抜けるためのうまい会話術を説いた1冊です。

彼らによると、話し合いが難しくなる会話は、すべて以下の3つの会話に分類されるそうです。この3つとは、**「①何があったかをめぐる会話」「②感情をめぐる会話」「③アイデンティティをめぐる会話」**です。

この3つが難しくなる原因は、それぞれ、「誰が正しいか」という論点で話しがちになってしまうこと、自分の感情を抑え込んでしまうこと、自分のアイデンティティを守ろうとして他のことが冷静に見られなくなってしまうこと、などに起因しますが、どの会話でも大切なのは、**「自分のストーリーの他に、相手も異なるストーリーを持っている」**ことを認識することです。

人はまったく同じ現象が起きても、異なる点に着目して、異なる解釈をします。このため、どちらか一方が必ず正しいということはありえず、どちらかに一方が責めを負わせるというのはナンセンスであると言えるでしょう。

このため、自分のストーリーに固執するだけでなく、相手のストーリーを理解し、さらに自分のストーリーも見直してみて、お互いのストーリーを受け入れることが必要です。


相手のストーリーを理解するための方法は「好奇心を持つ」ことだ、と彼らは述べています。「なぜあいつはあんなことを考えるんだ！」と思う代わりに、「あの人はこちらの知らないどんな情報を持っているのだろう？」という気持ちで聞くのです。

そのためには、**まず相手の話を黙って聞きましょう**。その中にはきっとあなたの知らない情報が含まれているはずで、その情報を得ることに、あなたの好奇心を全力で傾けてみましょう。

相手のストーリーを理解しよう。

BOOK :32

『言いにくいことをうまく伝える会話術』

ダグラス・ストーン他著　松本剛史訳

（草思社、1999年）

会社で、家庭で、男女関係で、難局を切り抜けるためには？　話し合いが難しくなる原因と、うまい会話術を説いた1冊。

この本から他に学ぶべき 3つのポイント

POINT 1 感情を抑え込まず、事実として伝える

POINT 2 お互いが問題に「加担」していることを認める

POINT 3 自分の矛盾をそのまま受け入れる

CHAPTER5

HABIT

33

『EQ−こころの知能指数』のダニエル・ゴールマン先生に学ぶ、カドを立てずに苦情を述べる習慣

感情的になったら「冷静、冷静」と自分に言い聞かせよう。

「IQ」（知能指数）に代わる指標として、ダニエル・ゴールマン博士が提唱した**「EQ」**（心の知能指数）は、瞬く間に世界に普及しました。

博士の著書、『EQ－こころの知能指数』には、この「EQ」に関する説明以外にも、人間関係をうまくやっていくための様々なテクニックが紹介されています。ここでご紹介する**「XYZ法」**もその1つです。

「XYZ法」とは、相手に苦情を述べる際に、カドが立たないように自分の気持ちをうまく伝える手法です。使い方は簡単で、**「あなたがXをしたので、私はYな気持ちになった。本当ならZしてほしかった」**という順番に述べていく、というものです。

次の例で具体的に見てみましょう。

あなたは彼女と夕食を一緒に食べる約束をしていました。でも、どうしても仕事が終わらず、約束の時間に大幅に遅刻してしまいました。そんなとき、彼女から、

「どうして遅刻するの？　あなたって本当に常識がない人ね」

と言われたらどうでしょう。自分が悪いことはわかっていても、カチンときてしまうの

ではないでしょうか。

　でもここで、XYZ法にのっとって、

「あなたが時間に遅れるという連絡をくれなかった（X）ので、私は大切に思われていない気がして悲しくなった（Y）。遅くなるなら一言、連絡がほしかった（Z）」

という言い方をされたとしたらどうでしょう。反論するよりも、申し訳なかったな、と思う気持ちのほうが大きくなるのではないでしょうか。

　前者は「あなた」を主語にしているため、あなたの行為や人格を攻撃する言葉が続いてしまいます。でも後者は「私」を主語にしているため、自分がどんな気持ちになったかを述べているだけで、直接あなたを攻撃してはいません。そのため、そこまでいやな気持ちにはならないで、相手の言うことを素直に聞くことができるのです。

　XYZ法を上手に使うポイントは、感情的にならず、「それをされて自分がどんな気持ちになったのか」という点を見つめることです。そのために、もし**感情的になりそうになったら「冷静、冷静」と自分に言い聞かせる**ようにしましょう。そうしてクールダウンできれば、自分の気持ちを冷静に相手に伝えることができるでしょう。

「私」を主語にして話そう。

BOOK : 33

『ＥＱ-こころの知能指数』

ダニエル・ゴールマン著　土屋京子訳
（講談社、１９９６年）

「ＩＱ」（知能指数）よりも「ＥＱ」（心の知能指数）が人間の成功を左右する。ベストセラーになった、画期的名著。

BOOK : 33-2

この本もおすすめ

『ビジネスＥＱ-
感情コンピテンスを仕事に生かす』

ダニエル・ゴールマン著　梅津祐良訳
（東洋経済新報社、２０００年）

ビジネスの成功に対する「ＩＱ」の貢献度はせいぜい25%以下。「ＥＱ」のビジネスでの生かし方を、豊富な実例をもとに紹介。

CHAPTER

6

お金持ちになる8つの習慣

HABIT 34
本当にほしいものかどうか、1週間かけて吟味しよう。

HABIT 35
上司に今の仕事の好きなところを聞こう。

HABIT 36
身近にいる「プチ成功者」と食事をしよう。

HABIT 37
1週間、お金を引き出すのを我慢しよう。

HABIT 38
身近な人に1000円以内のプレゼントをしよう。

HABIT 39
月に一度、セミナーやパーティーに参加しよう。

HABIT 40
毎月、給料の10%を貯金しよう。

HABIT 41
ペットボトルの飲み物を買うのをやめてみよう。

CHAPTER6

HABIT

34

『となりの億万長者』のトマス・J・スタンリー／ウィリアム・D・ダンコ先生に学ぶ、

億万長者になる習慣

本当にほしいものかどうか、1週間かけて吟味しよう。

「億万長者たちがふだん、どんな生活をしているのか知りたくないかい？」

こんなことを言われて、まったく興味を抱かない人は、ほとんどいないのではないでしょうか。

『となりの億万長者』は、共著者であるトマス・Ｊ・スタンリー教授とウィリアム・Ｄ・ダンコ教授が、１００万ドル以上の資産を持つ資産家１万人以上にアンケート調査をとり、家計予算の立て方、車の買い方、子供に贈与しているもの、今までに買った車、腕時計、スーツ、靴の値段など、あらゆる角度から彼らを分析した書籍です。

結論から言うと、この調査によって明らかになったことは、彼らはステレオタイプな「億万長者」のイメージからほど遠い、**「ごく普通の人たち」**ということでした。

たとえば、平均的な億万長者は、１着３９９ドル以上のスーツを買ったことがないそうです。また、億万長者の半数は、１４０ドル以上の靴や、２３５ドル以上の腕時計も買ったことがないのだとか。

一般的なイメージで言えば、高価な靴や腕時計ってまさにお金持ちの証し、という印象があるので、こうした事実はとても意外ですね。

なぜ彼らはこうしたものにあまりお金を使わないのでしょうか。

この調査結果を見ていくと、彼らが「見栄」をはることにほとんど関心を持っていないことがわかります。

スーツは着るもの、靴は履くもの、腕時計は時間を見るものであって、それらに高いお金を使うくらいであったら、貯蓄や資産運用にまわし、安泰で幸せな生活を手に入れるほうがよっぽどいい、という考え方を持っているわけです。また、そうしたしっかりした考え方があるからこそ、資産家になれたという言い方もできるでしょう。


彼らを見習って、私たちも「見栄をはるための出費」を抑えてみませんか。

たとえば、買い物をする際には、それが**「本当にほしいもの」なのか、1週間かけて吟味してみましょう。**1週間たってもなお、ほしいという気持ちが継続していたなら、それはあなたが本当にほしいものと判断できるでしょう。

けれど、1週間でその気持ちが変わってしまうようなら、それを買う代わりに、もっと有意義なことに使えないか、検討してみましょう。

「見栄をはるための出費」をなくそう。

BOOK：34

『となりの億万長者　新版』

トマス・J・スタンリー／ウィリアム・D・ダンコ著　斎藤聖美訳
（早川書房、2013年）

1万人以上の資産家を徹底調査し、彼らの生活から学ぶべき「7つの法則」を導き出したロングセラー。

この本から他に学ぶべき 3つのポイント

POINT 1 家計管理をしっかりする

POINT 2 資産運用に時間と労力をかける

POINT 3 自分にぴったりの職業を選ぶ

CHAPTER6

HABIT

35

『なぜ、この人たちは金持ちになったのか』のトマス・J・スタンリー先生に学ぶ、お金持ちになる習慣

上司に今の仕事の好きなところを聞こう。

『なぜ、この人たちは金持ちになったのか』は、『となりの億万長者』を書いたトマス・J・スタンリー教授が、さらに調査対象を広げ、純資産100万ドル以上のアメリカ全土の億万長者を対象に、郵送調査や個人面接調査、グループインタビュー調査などを行ない、億万長者たちの特徴をまとめた書籍になります。

こうした大規模調査の結果、『となりの億万長者』と同じく、億万長者の意外な暮らしぶりやライフスタイルが明らかになっていますが、その中でも彼らに特有な「職業観」として面白い結果が出ています。

調査によると、「億万長者になった成功要因」として、**「自分の職業や事業を愛していること」**が重要と答えた人は、じつに86%にのぼったそうです。これに対して、「高いIQ・優秀な頭脳を持つこと」と答えた人は67%、「人が見逃しているビジネスチャンスを見つけること」と答えた人は72%、「高収益の市場を見つけること」と答えた人は69%と、いずれも低いスコアになっています。

この結果を見る限り、お金持ちになるためには頭を鍛えたり、ビジネススキルを磨いたりするよりも、**自分が好きなことを仕事にしたり、自分の仕事に愛着を持つことのほうが**

近道である、と言えそうです。

ちなみに、スタンリー教授の前著、『となりの億万長者』では、億万長者がついている実際の職業の例が載っていますが、それを見ると、「アパレル」「エンジニア」「害虫駆除サービス」「果樹園経営」「コイン・切手ディーラー」「広告代理店」「地質コンサルタント」「デザイナー」「ニュースレター出版」「物理学者・発明家」「募金代行業」「ロビイスト」など、じつに多岐にわたることがわかります。

ただ、誰もが自分の希望通りの職業につくことができるとは限らないでしょう。もしも、今ついている職業が希望通りの職業ではなかったとしたら、どうしたらいいのでしょうか。

そのときは、まず**自分の仕事を好きになる「努力」をしてみましょう**。たとえば、**会社の上司や先輩に、この仕事のどんなところが好きか、どんな面にやりがいを覚えているか、聞く**ところから始めましょう。

あなたがまだ知らない、その仕事ならではの面白さや充実感を、きっと彼らが教えてくれるはずです。

自分の仕事を好きになろう。

BOOK : 35

『なぜ、この人たちは金持ちになったのか』

トマス・Ｊ・スタンリー著　広瀬順弘訳
（日本経済新聞出版社、２００８年）

純資産１００万ドル以上のアメリカ全土の億万長者を対象に大規模調査を実施。彼らがなぜ成功したかを明らかにした１冊。

この本から他に学ぶべき
３つのポイント

POINT 1　人一倍の努力と誠実さを失わない

POINT 2　自分を支えてくれる
しっかりした人を伴侶とする

POINT 3　買い物上手になる

CHAPTER6

HABIT

36

『ミリオネア・マインド　大金持ちになれる人』のハーブ・エッカー先生に学ぶ、ミリオネア・マインドになる習慣

身近にいる「プチ成功者」と食事をしよう。

『ミリオネア・マインド　大金持ちになれる人』は、全米一のマネー・コーチとして知られる、ハーブ・エッカーの著書です。「金持ちだけが知る秘密」を惜しげもなく紹介したこの本は、176ページでご紹介する『金持ち父さん　貧乏父さん』に続いて全米でベストセラーになりました。

同書は、主に17の「ミリオネア・マインド」を紹介しています。「ミリオネア・マインド」とは文字通り、お金持ちの気持ち、つまりお金持ちになる人はこのように考える、という心と態度のことです。

ここではその中から、「金持ちになれる人は『成功した人』と付き合う」という項目に着目してみたいと思います。

エッカーによると、成功者に共通する特徴の1つは、**他の成功している人と付き合うことで自分も刺激を受け、自分も頑張ろうと思う**ことだそうです。より具体的に言えば、相手の優れたところをお手本として、「あの人にできるなら、自分にもできるはずだ」と何かを学ぼうとする、ということです。

つまり、お金持ちになりたかったら、実際にお金持ちになった人と仲良くなり、その人が行なっていること、内面や外面を含めてそっくり真似る、ということです。お金持ちと同じ考え方をして、同じ行動をとったなら、同じ結果が出ると期待できるのはごく当然だろう、とエッカーは言います。

では具体的にはどうしたらいいのでしょうか。エッカーは、「高級なテニスクラブ、スポーツクラブ、ゴルフクラブ、またはロータリークラブなどに入会する」ということを勧めています。そうして、クラブに入っているお金持ちと仲良くなろう、というわけです。

でも、いきなりそうしたクラブに入会するなんて、現実的にはハードルが高いですよね。オススメは、**あなたの身近にいる「プチ成功者」に目を向けてみる**ことです。「隣の部署にいる、じつはブロガーとしてはちょっとした顔の○○さん」や、「中学時代の先輩で、IT系ベンチャー企業を立ち上げたらしい○○さん」くらいなら、あなたのまわりにもいませんか?

そうした人を食事にでも誘い、彼らの話を聞いてみることから始めてみましょう。きっと、彼らは喜んでちょっとした成功譚を語ってくれるはずです。

「ビッグな人」と付き合おう。

BOOK :36

『ミリオネア・マインド　大金持ちになれる人』
ハーブ・エッカー著　本田健訳
（三笠書房、2005年）

全米一のマネー・コーチである著者が、お金持ちになる人の心構えを紹介した、「ニューヨーク・タイムズ」第1位のベストセラー。

この本から他に学ぶべき 3つのポイント

POINT 1　積極的に自分の価値を売り込む

POINT 2　成果に応じた報酬を受け取る

POINT 3　勤労所得よりも総資産を増やす

CHAPTER6

HABIT

37

『金持ち父さん 貧乏父さん』のロバート・キヨサキ先生に学ぶ、

「金持ち父さん」になる習慣

1週間、お金を引き出すのを我慢しよう。

『金持ち父さん　貧乏父さん』は全世界で51か国語に翻訳され、109か国で紹介されているベストセラー作品です。

著者は、パーソナルファイナンス専門の作家で大学講師でもあるロバート・キヨサキ氏。彼自身がまったく違うタイプである2人の父親、つまり高学歴なのに収入が不安定な彼自身の父親（＝「貧乏父さん」）と、親友の父親で、13才のとき学校を中退したのに億万長者になった父親（＝「金持ち父さん」）に育てられた経験をもとに、書かれた作品です。

同書の中で、「金持ち父さん」はお金持ちになるための「6つの教え」を伝授してくれますが、さらにそのあと、「実践の書」として3つの実践方法が紹介されています。

ここでは、お金持ちになるための一風変わったアイデアとして紹介されている方法を見てみましょう。

キヨサキ氏は、**「自分への支払いをまず済ませる」ことの重要性**を述べています。

「自分にまず支払え」とは、具体的には、**税金や家賃、クレジットカードの支払いは後回しにしてでも、貯蓄や投資額は減らさないようにせよ**、ということを意味しています。世間の常識からすると、あまり一般的ではない考え方と言えるでしょう。

なぜ他人への支払いを後回しにするのか。

その理由についてキヨサキ氏は、「債権者のプレッシャーのおかげで必死にお金を儲けようとする」からだと述べています。

つまり、自分の貯蓄や投資額は減らさないことで、お金を貯めていくと同時に、債権者のプレッシャーを逆に利用して、さらにお金を儲けてから他人に支払う、という考え方というわけですね。

同書の中で「金持ち父さん」は「自分にプレッシャーをかけるのは、ジムに通って体を鍛えるのと同じだ」と言っています。実際にトレーニングをするのと同じで、この習慣の真似をするのは、なかなか難しいと思いますが、**「なるべく貯蓄は取り崩さない」**という精神は見習うべきでしょう。

口座から、ちょこちょことお金を引き出して使うクセがある人は、まずは1週間、引き出すのを我慢することから始めてみてはいかがでしょうか。

まず自分の支払いを済ませよう。

BOOK : 37

『改訂版　金持ち父さん　貧乏父さん』

ロバート・キヨサキ著　白根美保子訳
（筑摩書房、２０１３年）

正反対の「金持ち父さん」「貧乏父さん」に育てられた著者が学んだお金についての６つの教えとは？人気シリーズの改訂版。

BOOK : 37-2

この本もおすすめ

『改訂版　金持ち父さんのキャッシュフロー・クワドラント』

ロバート・キヨサキ著　白根美保子訳
（筑摩書房、２０１３年）

「金持ち父さん」シリーズ第２弾。収入形態ごとの４つのクワドラント（タイプ）という概念を提唱した実践編の改訂版。

CHAPTER6

HABIT

38

『ユダヤ人大富豪の教え』の本田健先生に学ぶ、

幸せな大富豪になる習慣

身近な人に1000円以内のプレゼントをしよう。

大ベストセラー『ユダヤ人大富豪の教え』は、経営者・投資家・作家・講演家として活躍する本田健さんが学生時代に実際にアメリカで出会ったという、大富豪の老人が語った教えがモデルになっています。

20歳の大学生である「僕」は、アメリカに留学中、ゲラー氏というユダヤ人の大富豪の老人と出会います。将来、事業を興して独立するという夢を持っている「僕」は、ゲラー氏にその成功の秘訣を教えてほしいと頼みます。

それを快諾したゲラー氏は、「僕」に課題を与えたり、クイズを出したり、ときには無人島に連れて行ったりしながら、17の「幸せな金持ちになる秘訣」を少しずつ明かしていくのです。

ゲラー氏が教えてくれる「教え」の内容がすばらしいのはもちろんのこと、物語としてもとても面白く、非常に読みやすい内容になっています。

この中でゲラー氏は、お金持ちになる秘訣の1つとして、「お金を賢く使う方法」を教えてくれます。

ゲラー氏によれば、最も賢いお金の使い方とは「人を喜ばせることに使うこと」で、具体的には**「人にプレゼントすること」**を勧めます。

一般的に、プレゼントをもらって、いやな気持ちになる人はまれでしょう。ただし一方で、プレゼントをもらうことに、かえって恐縮してしまう人がいることも事実です。

この点に関して、ゲラー氏は**「その人が受け取りやすくなるような、感情面の言い訳を用意すること」**と**「相手が負担にならないものにするなどの心配りをすること」**が重要だと言います。

つまり、相手がもらうべき「理由」や「口実」を作った上で、相手が恐縮しない程度のプレゼントを選ぶことがポイントというわけですね。

私たちもゲラー氏を見習って、**身近な人に、1000円以内くらいのちょっとしたものをプレゼントしてみましょう。**その際、必ずその人が受け取りやすい「言い訳」と、相手が負担にならない「心配り」を用意するのを忘れないようにしましょう。

BOOK : 38

『ユダヤ人大富豪の教え』

本田健著

（大和書房、2006年）

ベストセラー作家の著者が、学生時代に実際にアメリカで出会った大富豪をモデルにした、メンターとの物語。

この本から他に学ぶべき

3つのポイント

POINT **1** 自分が大好きなことに取り組む

POINT **2** セールス能力やスピーチ能力を鍛える

POINT **3** 金銭感覚を養い、自分のビジネスを持つ

ちょっとしたプレゼントをしてみよう。

CHAPTER6

HABIT

39

『ワン・ミニッツ・ミリオネア』のマーク・ヴィクター・ハンセン／ロバート・アレン先生に学ぶ、効率的にお金を儲ける習慣

月に一度、セミナーやパーティーに参加しよう。

センパイ ボクの知り合いのパーティーに行きます？
いくいく
こちら●●国元大統領▲▲さん
こちら××国王女の■■さん
あ…どうも
ペラペラ
ワイワイ
ハハハ…
アレ!? センパイ!?
帰りラーメン屋寄ろ…

『ワン・ミニッツ・ミリオネア』は、ベストセラー作家と財テクのプロが手を組んで執筆した書籍で、てっとり早くお金持ちになる方法が解説されています。構成も一風変わっていて、見開きで右ページには「物語編」が、左ページには「実践編」が書かれており、読者はどちらを読んでもお金持ちになる方法を理解できるようになっています。

著者の1人、マーク・ヴィクター・ハンセンは、全世界で累計8000万部を売り上げた大ベストセラー『こころのチキンスープ』の共著者で、全米を代表するプロの講演家でもあります。もう1人の著者であるロバート・アレンは、『ロバート・アレンの実践億万長者入門』の著者であり、起業家として、わずかな元手で不動産売買を行ない、億万長者になった人物です。

彼らが提案する「てっとり早くお金持ちになる方法」の1つに、「ネットワークを広げる」というものがあります。ネットワークを広げる、つまり**「コネを増やす」**ことで、情報、支援、助言、紹介、資源活用といったことを、ときには無償で得ることができるからです。

この「お金持ちになるためのコネ」のことを、彼らは「100万ドルの住所録」と呼び、この住所録の登録件数を増やすべきだ、と言います。

彼らの主張で興味深い点は、この住所録にある人たちの関係性は、親友や友人たちとの関係よりも重要だ、と述べているところです。なぜなら、あなたに近しい関係の人たち（友人など）は、自然と似たようなタイプの人間が集まってしまうために、同じような情報ばかり集まってきてしまうからです。逆に「弱い結びつき」の人たちのほうが、あなたに有用な情報をもたらしてくれる、ということです。

ではこの「弱い結びつき」を増やすにはどうしたらいいのでしょうか。

これに関して、彼らは「好感度を限界まで高める」「手助けできる相手には誰でも手助けする」「どんな相手も電話やメールなどで連絡をとり続ける」「パーティーやイベントに参加する、あるいは主催者になる」などの方法を紹介しています。

私たちも「100万ドルの住所録」を1人ずつ増やすために、**月に一度は、新しい人と知り合いになる機会を持つ**とよいでしょう。そしてそのために、セミナー、勉強会、パーティーなど、新しい人と知り合える場所に出かけるようにしましょう。

「ゆるやかなコネ」を広げよう。

BOOK : 39

『ワン・ミニッツ・ミリオネア』

マーク・ヴィクター・ハンセン／ロバート・アレン著
楡井浩一訳（徳間書店、2003年）

右ページには物語編、左ページには実践編が書かれた異色の構成で、「てっとり早くお金持ちになる方法」を指南する1冊。

この本から他に学ぶべき 3つのポイント

POINT 1 心の師と出会い、師の思考スタイルを盗む

POINT 2 他の人の経験・アイデア・能力を利用する

POINT 3 自分のドリームチームを作る

40

『私の財産告白』の本多静六先生に学ぶ、誰でもお金が貯まる習慣

毎月、給料の10%を貯金しよう。

本多静六という人物をご存知でしょうか。

東京山林学校（現在の東京大学農学部）に入学し、一度落第したが猛勉強して主席で卒業。そして、林学を学ぶためドイツへ留学し、ミュンヘン大学で国家経済学博士号を得たのち、帰国し、東京農科大学の助教授、教授になります。その後、日比谷公園、北海道の大沼公園、福島県の鶴ヶ城公園、埼玉県の羊山公園、東京都の明治神宮、長野県の臥竜公園など、多数の公園の設計や改良に携わり、日本の「公園の父」と呼ばれています。

また投資家として、独自の蓄財法と投資法を実践して莫大な財産を築きましたが、定年退官を機に、全財産を匿名で寄付したことでも知られています。

『私の財産告白』には、彼がどのようにして財産を築いたかが詳しく書かれています。彼の貯蓄法は非常にシンプルであり、それは彼が**「四分の一貯金法」**と呼ぶ方法に集約されます。

「四分の一貯蓄法」とは、彼の説明によれば、**「あらゆる通常収入は、それが入ったとき、天引き四分の一を貯金してしまう。さらに臨時収入は全部貯金して、通常収入増加の基に**

繰り込む」というものです。

静六によればこの方法は、「無理のようで決して無理ではない」ということです。なぜなら、仮に給料を20万円もらったなら、15万円しかもらえなかったと思って、5万円分天引きすればよいだけだからである、と静六は言います。

つまり、生活を一段下げたところから始めるだけでよい、ほんの1回、最初だけ生活の切り下げを行ないさえすれば、あとは楽になる、というわけです。

彼によると、貯金生活を続ける上で、一番邪魔になるのは「虚栄心」だそうです。一切の見栄さえなくなれば、四分の一天引き生活くらい誰にでもできる、と静六は述べています。

もし、「四分の一」を貯金するのが実際に難しいようであれば、まずは給料の「10%（十分の一）」を貯金するところから始めてみてはいかがでしょう。自分の無理のない範囲でいいので、毎月、**決まった割合の金額を貯金してみましょう。**

定期的に貯金しよう。

BOOK : 40

『私の財産告白』

本多静六著

（実業之日本社、２００５年）

林学が専門の東大教授でありながら巨額の財産を築いた著者独自の、シンプルな貯蓄法を告白した１冊。

BOOK : 40-2

この本もおすすめ

『私の生活流儀』

本多静六著

（実業之日本社、２００５年）

学者でありながら巨万の富を得た著者が最晩年に記した、長寿の秘訣と暮らし方・考え方の知恵。

CHAPTER6

HABIT

41

『自動的に大金持ちになる方法』のデヴィッド・バック先生に学ぶ、

自動的にお金を稼いでいく習慣

ペットボトルの飲み物を買うのをやめてみよう。

デヴィッド・バックは、アメリカで人気を博している資産コンサルタントです。彼の著書、『自動的に大金持ちになる方法』は、数ある「マネー本」の中でも、苦労せずに「自動的に」お金を貯められる手法を紹介した本として異彩を放っています。

彼の紹介する手法は、「貯蓄を自動化する」「投資を自動化する」「住宅ローンの支払いを自動化する」など、**すべてのお金の流れを自動化させる**ことに特徴があり、これなら意志の弱い人でも勝手にお金が貯まっていくだろう、と思われるものばかりです。

その中でも、最もインスタントに始められる貯蓄術としてバックが勧めるのは、**「ラテ・マネー」**を貯蓄し、投資にまわすことです。

「ラテ・マネー」とは、特に必要ではないけど、つい習慣で使ってしまっているお金のことです。毎日、カフェラテを買う、コーヒーを買う、ジュースを買う、タバコを買う、新聞を買う……。その使い道は人によって違うでしょうが、誰にでもそうやって「買っても買わなくてもどちらでもいいもの」にムダ遣いしているお金があるはずだ、とバックは説きます。

バックは、仮にあなたが23歳で、毎日5ドルをコーヒー代に使っていたとして、これを貯蓄にまわし、年利10％の投資にまわしたとしたら、65歳になったときには、120万ドルほどになっているはずだ、と主張しています。

もちろん、年利10％という利率が現実的かどうか、毎日数百円を必ず貯金できるのか、という議論はあるでしょうが、どうせ「買っても買わなくてもどちらでもいいもの」だとしたら、それを貯蓄や運用にまわすほうが、よほど建設的だと言えるでしょう。

この習慣を実行するには、当然ながら自分にとっての「ラテ・マネー」を特定することから始めなくてはなりません。

ペットボトル飲料、缶コーヒー、タバコ、新聞、雑誌など、**特に必要ではないけれど、つい習慣で使ってしまっているお金がないかを見直してみてください。**

そして、それらをやめて今日から、「買ったつもり貯金」を始めてみましょう。

習慣で買うのをやめよう。

BOOK : 41

『自動的に大金持ちになる方法』

デヴィッド・バック著　山内あゆ子訳

（白夜書房、２００４年）

資産コンサルタントの著者が書いた、苦労せずに「自動的に」お金を貯められる手法を紹介した１冊。

この本から他に学ぶべき 3つのポイント

POINT 1 給与を「退職金口座」（４０１Ｋなど）に入れる

POINT 2 住宅ローンの支払いを隔週払いにする

POINT 3 収入の 10 分の１を寄付する

CHAPTER

7

幸せになる9つの習慣

HABIT 42
毎朝、家族の幸せを祈ろう。

HABIT 43
週末にしたいことを考えよう。

HABIT 44
落ち込んだときはお気に入りの服に着替えよう。

HABIT 45
1日5分、ストレッチをしよう。

HABIT 46
昼休みに5分間、静かに呼吸をくり返そう。

HABIT 47
ここ数日で楽しいと感じた人のことを思い出そう。

HABIT 48
「今日起こった3つのよいこと」を紙に書き出そう。

HABIT 49
毎日「感謝する事柄」を5つノートに書こう。

HABIT 50
この本に書いてあったことを、まずは1つ実行しよう。

CHAPTER7

HABIT

42

『小さいことにくよくよするな！』のリチャード・カールソン先生に学ぶ、幸せな1日のスタートを切る習慣

毎朝、家族の幸せを祈ろう。

毎朝 家族の誰かの幸せを祈るようにしてるの
昨日は両親、今朝は妹の幸せを祈ったんだ
へー
いつか俺の幸せも祈ってもらえたらなァ…
オハヨウ！アナタ
…えっ

『小さいことにくよくよするな！』は、文字通り「小さいことにくよくよするな」「すべては小さなことだ」と考えて、もっと楽に生きることを説いた書籍です。全米で、2年連続で「USAトゥデイ」のベストセラー本となり、「ニューヨーク・タイムズ」のベストセラーリストに101週にわたって掲載され、135か国で出版、26か国語に翻訳されました。

著者のリチャード・カールソン博士は、心理学者、ストレス・コンサルタントで、誰にでも実践できる「くよくよしない」方法を提唱し、多数の著作、講演活動などをして活躍していましたが、2006年に惜しくも肺動脈塞栓症のために45歳の若さで死去しました。

同書には、100通りの「小さいことにくよくよしない」方法が掲載されています。中には、「むかつく相手を幼児か100歳の老人だと想像する」「人類学者になった気持ちで相手を冷静に観察する」など、なかなか面白い方法もありますが、今回は、**「毎朝、誰かの幸せを祈る」**という方法をとりあげてみたいと思います。

具体的には、まず起きたら、目を閉じたまま深呼吸をします。

次に、**「今日は誰を愛そうか？」**と自問します。そうすると、誰かの顔が思い浮かぶと思います。友達、同僚、隣人、旧友、あるいは通りすがりの誰かかもしれません。それが誰かは大きな問題ではない、とカールソン博士は述べています。

相手が決まったら、その人のために「今日もいい1日になりますように」と願います。これで終わりです。

実際に博士は、毎朝の習慣としてこのことを実践していたそうで、彼によれば、この習慣が身についてから、1日中明るくポジティブな気分で過ごせるようになったと述べています。

また心理学の研究によると、「祈ること」は幸福感を向上させ、ストレスを緩和させる効果があると科学的に証明されているそうです（『その科学が成功を決める』リチャード・ワイズマン著）。

私たちも、毎朝、誰かの幸せを祈ってみませんか。

これを習慣化させるコツは、カールソン博士のように「今日は誰にしようか？」と対象とする人を選ぶのを楽しむことです。まずは、両親でも兄弟でもいいので、**ご家族の幸せを祈る**ことから始めてみましょう。

「誰かの幸せ」を祈ってみよう。

BOOK :42

『小さいことにくよくよするな!』

リチャード・カールソン著　小沢瑞穂訳

(サンマーク出版、2000年)

心理学者、ストレス・コンサルタントの著者が「小さいことにくよくよしない」方法を紹介。170万部突破のベストセラー。

この本から他に学ぶべき 3つのポイント

POINT **1** 1人で静かな時間を持つ

POINT **2** 思いついたら親切なことをする

POINT **3** 早起きの習慣をつける

CHAPTER7

HABIT

43

『積極的考え方の力』のノーマン・V・ピール先生に学ぶ、
ハッピーな出来事を引き寄せる習慣

週末にしたいことを考えよう。

現代のポジティブ心理学に連なる、「ポジティブシンキング」という考え方を打ち出した元祖とも言える、この『積極的考え方の力』。

著者、ノーマン・V・ピールは、1932年から引退までの50年以上、ニューヨークにあるマーブル協同教会の牧師を務めた人物で、1952年に出版した同書がアメリカで大ベストセラーになり、その後41か国語で翻訳され、世界で2000万部を売り上げたそうです。また、ラジオやテレビ番組のホスト、週刊誌「ガイドポスト」を主宰、人々の精神に多大な影響を与えました。

デール・カーネギー、ナポレオン・ヒルと並んで、「自己啓発の御三家」と言われることもあるようです。

同書は、自信を育てる方法、怒りやいらだちを抑える方法、不安を克服する方法、問題を解決する方法、人望を得る方法など、積極的に考え、生きていくための様々な具体的な方法を紹介しています。

この中から、ピールが幸福な人生を作るための方法を述べている箇所を見ていきましょう。

ピールによれば、幸福な人生を作る方法はたった1つで、「幸福でいることを習慣にする」ことです。そして、幸福の習慣を育てるには、幸福な考え方を実践するだけでいい、と言います。

具体的には、**朝、目が覚めたら、ベッドに横たわったまま体の力を抜き、その日訪れそうな幸せを次々に思い描き、その喜びを味わいます。**そしてそう考えることで、幸せな出来事が呼び寄せられる、とピールは述べます。

実際に心理学の実験によると、「何かを楽しみにする」だけで幸福度が向上する、という結果が報告されています（『幸福優位7つの法則』ショーン・エイカー著）。

幸せな出来事が思いつかないという人は、**週末に何をしようか、と思案をめぐらせるだけでもいい**と思います。あなたが楽しみにできることを思い浮かべて、幸せな気分にひたりましょう。

楽しいことを思い浮かべよう。

BOOK : 43

『新訳　積極的考え方の力』

ノーマン・V・ピール著　月沢李歌子訳
（ダイヤモンド社、2012年）

ポジティブシンキングはここから始まった。積極的に考え、生きていくための具体的な方法を紹介した古典的名著。

この本から他に学ぶべき 3つのポイント

POINT 1　ポジティブな言葉、積極的な表現を使う

POINT 2　怒ってもどうしようもないことを知る

POINT 3　静かな時間を持ち、美しい平和な風景を思い浮かべる

CHAPTER7

HABIT

44

『ジグ・ジグラーのポジティブ思考』のジグ・ジグラー先生に学ぶ、前向きな生き方になる習慣

落ち込んだときはお気に入りの服に着替えよう。

『ジグ・ジグラーのポジティブ思考』。著者のジグ・ジグラーは、小学5年生から働き始め、セールスマンとして成功し、1962年、訪問販売の全米トップ・セールスパーソンとなって、億万長者になった人物です。彼自身の体験に基づき、講演家として世界各国で自己啓発のための力強いメッセージを発信しています。

彼の初期のベストセラーである同書は、改訂を重ねながら読み継がれ、現在も学校、企業、政府機関、セールス組織など、モチベーションと自己成長を目的とするあらゆる場でテキストとして使われています。

ジグラーによれば、成功をつかむための階段というものがあり、1段目が「健全なセルフイメージ」、2段目が「良好な人間関係」、3段目が「目標設定」、4段目が「正しい心構え」、5段目が「働くこと」、6段目が「熱望する力」だそうです。

今回は、この1段目、つまり「健全なセルフイメージ」を作る方法を見ていきましょう。ジグラーは健全なセルフイメージを作る方法として、14のアイデアを紹介しています。たとえば、「偉人の伝記などを読む」「笑顔やほめ言葉を与える」「ポジティブな人と付き合う」「自分の長所をカードに書いていつも見る」などですが、この中で最も特徴的なのは、

「化粧やドレスアップをして外見をよくする」というものです。

彼によれば、自分の外見はセルフイメージや自信に影響します。特に女性は、綺麗なパーマをかけたり、美しい髪型をしたり、丁寧に化粧をすることで、自信が持てるようになり、気分がよくなることが証明されており、これは男性もまったく同じだと主張します。

ポジティブ思考を説く本の中には、ポジティブな言葉を唱えたり、無理にでも笑顔を作ったりといった、実践するにはハードルが高いことを勧める本も多いですが、外見を整えるくらいは比較的簡単に実行できるのではないでしょうか。

特に気分が落ち込んでいる日や、特別気合いを入れないといけない日など、**お気に入りの服に着替えたり、いつもより丁寧に髪をセットしたりして、まずは自分の気分を高める**ことから始めましょう。

まずは外見を整えよう。

BOOK : 44

『ジグ・ジグラーのポジティブ思考』

ジグ・ジグラー著　金森重樹監訳
（ダイヤモンド社、２００９年）

小学５年生から働き始め、トップセールスパーソンになった著者による、自身の可能性を開く方法をつづったベストセラー。

この本から他に学ぶべき
3つのポイント

POINT **1** 配偶者に愛情表現をする

POINT **2** 長期的目標を立てる

POINT **3** ポジティブな心構えでいる

HABIT

45

『毎日を気分よく過ごすために』のロバート・E・セイヤー先生に学ぶ、気分のよい毎日を過ごす習慣

1日5分、ストレッチをしよう。

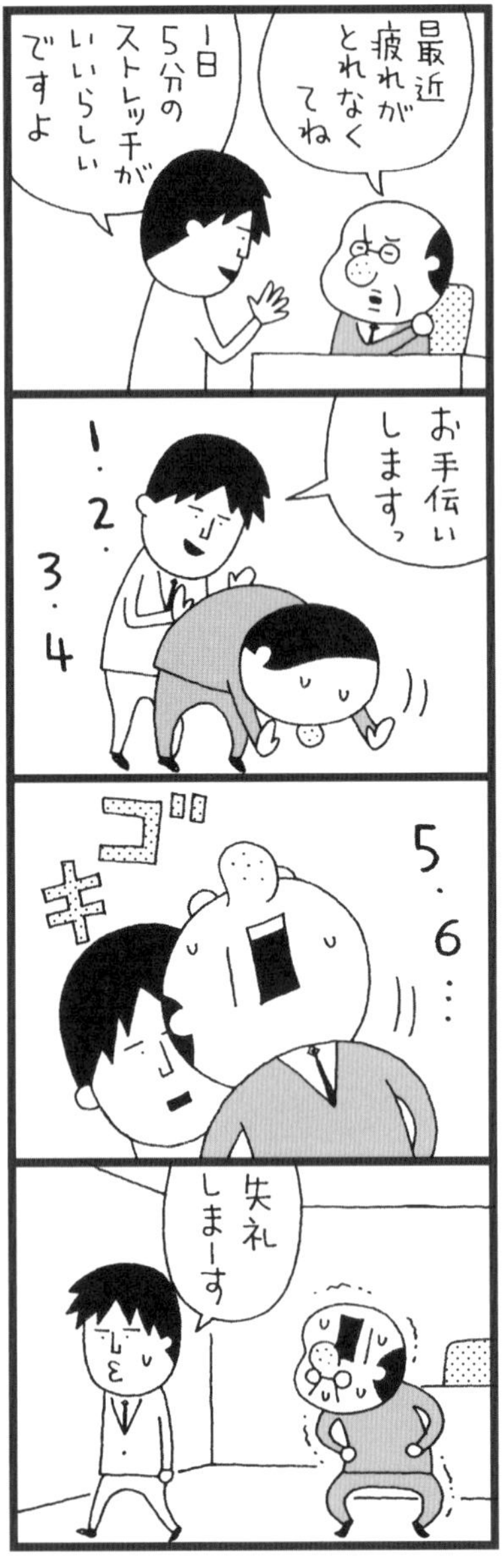

『毎日を気分よく過ごすために』の著者、ロバート・E・セイヤーは、カリフォルニア大学の心理学教授を務めた人物で、心と体の不可分な働きを通して人間の心理を研究する「生物心理学」の先駆者であり、この分野の第一人者です。

同書は、そのタイトル通り、なぜ人間がいい気分になったり、いやな気分になったりするのかという謎を科学的に解明しながら、毎日気分よく過ごすにはどうしたらいいのかを教えてくれる名著です。

セイヤー教授によると、人間の「気分」は「平静な状態か、緊張している状態か」と「エネルギーがみなぎっている状態か、疲労している状態か」という2つの軸によって4種類の状態に分かれるそうです。つまり、4種類の状態とは、「平静×エネルギー」「平静×疲労」「緊張×エネルギー」「緊張×疲労」です。

このうち、**人間にとって最もよい気分がするのは、「平静×エネルギー」であり、最もいやな気分がするのが「緊張×疲労」というわけです。**

では、緊張しているときや疲労しているときに「平静×エネルギー」状態に持っていくにはどうしたらいいのでしょうか。

教授によると、疲労しているときにエネルギーを取り戻すには、軽い運動が最もよいそうです。5分間散歩するだけでも効果があり、5~10分早足で歩くとさらに確実なのだとか。ただし、過度な運動はかえって逆効果になるときもあるので、注意が必要です。

また、緊張しているときに平静を取り戻す方法は、**「ストレッチをする」「瞑想をする」「適切な呼吸をくり返す」「ヨガやマッサージをする」「ぬるいお風呂に入る」「ぬるいシャワーを浴びる」**など、様々なリラクゼーション法に効果が認められるようです。

この他、その場でリラックスできて幸せな気分でいられる場所を思い浮かべるだけでも効果があるようです。たとえば休暇中の海辺、ハイキング中の森の中など、心を落ち着けられる場所なら何でもいいと言います。

教授によれば、どれが最も効果的ということはなく、自分に合ったリラクゼーション法を試してみるといいということです。

まずは**1日5分、ストレッチをしたり、マッサージをしたりする**ことから試してみましょう。

心の緊張を解こう。

BOOK : 45

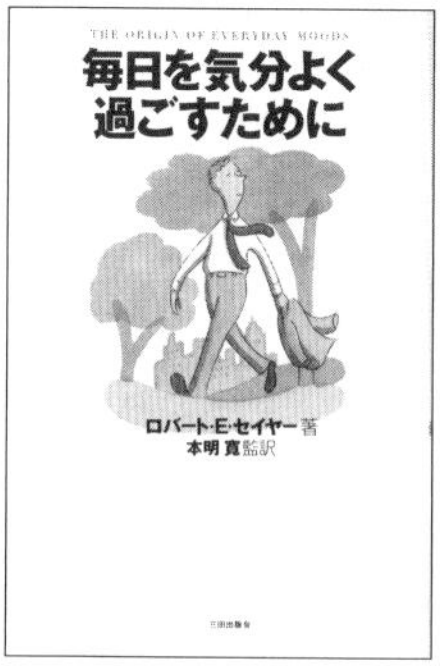

『毎日を気分よく過ごすために』

ロバート・E・セイヤー著　本明寛監訳

（三田出版会、1997年）

カリフォルニア大学の心理学教授が、人の気分の浮き沈みを科学的に解明し、そのコントロール法を説いた名著。

この本から他に学ぶべき
3つのポイント

POINT 1　毎日2時間は自分の楽しみの時間を持つ

POINT 2　毎日7～8時間は睡眠時間を確保する

POINT 3　栄養とバランスのとれた食事をとる

CHAPTER7

HABIT

46

『ライフヒーリング』のルイーズ・L・ヘイ先生に学ぶ、一瞬で安らぎを得る習慣

昼休みに5分間、静かに呼吸をくり返そう。

世界132か国で42の言語に訳され、これまで3500万部の売上を突破したという、『ライフ・ヒーリング』。

著者のルイーズ・L・ヘイは、幼い頃の虐待や苦難を乗り越えて、一流のファッションモデルになり、裕福なイギリス紳士と結婚したものの、その後、離婚。さらに、子宮がんに侵され、パニックに陥るものの、ヒーリングや食事療法に取り組むことで、なんとがんを完治させます。これをきっかけに、彼女はヒーリングを啓蒙する活動を本格化させ、60歳で、世界最大のスピリチュアル系出版社、ヘイハウスを創設させるに至ります。

彼女自身も日課にしていて、他の人にも勧めていることは、**「感謝の気持ちを表す」「前向きな思考を書き留める」「瞑想をする」「エクササイズをする」「質のよい栄養をとる」「本を読み勉強をする」「心にイメージを描く」**などの内容があるそうですが、今回はこの中から、**「瞑想」**をとりあげてみたいと思います。

瞑想のやり方は、実践者によってかなり異なるようですが、彼女が勧めるのはこんなやり方です。

まず椅子に腰かけます。気を静め、**自分の呼吸に注意を払います。**息を吸い込んだときに1と数え、吐いたときに2と数えます。10まで数えたら、また1に戻って再び数えていきます。何回くらい往復したかなと気になりだしたら、また1から戻って最初から数えましょう。これを25セットくらいくり返したら、また1に戻ります。

「瞑想」と聞くとうさんくさいイメージを抱いて抵抗を感じる人もあるかもしれませんが、じつは科学的に幸福度が上がり、ストレスが減ると証明された行動の1つであり、さらに仕事のパフォーマンスなども向上すると言われています。実際に、あのグーグル社の研修プログラムにもこの「瞑想」が採用されているそうです(『サーチ! 富と幸福を高める自己探索メソッド』チャディー・メン・タン著)。

瞑想をするときのコツは、雑念が生じても特に気にせずそのまま放置しておくことです。「心を無にする」ということにあまりとらわれずに、リラックスして、**まずはお昼休みに5分間、静かに目を閉じて、ゆっくり呼吸をくり返すこと**から始めてみましょう。

一瞬で安らぎを得る習慣

「瞑想」を習慣にしよう。

BOOK : 46

『改訂新訳　ライフヒーリング』

ルイーズ・L・ヘイ著　L・H・T プロジェクト訳
（たま出版、2012年）

貧しい境遇や虐待、がんを乗り越えた著者による、世界で３５００万部の大ベストセラーを記録したヒーリング本の名著の改訂版。

この本から他に学ぶべき 3つのポイント

POINT 1 「私は自分を受け入れます」とくり返し口に出す

POINT 2 鏡の前で「私は変わりたい」と言う

POINT 3 他人の幸福を喜ぶ

CHAPTER7

HABIT

47

『運命が好転する実践スピリチュアル・トレーニング』のエスター・ヒックス／ジェリー・ヒックス先生に学ぶ、

愛情にあふれる日々を過ごす習慣

ここ数日で楽しいと感じた人のことを思い出そう。

『運命が好転する実践スピリチュアル・トレーニング』は、ウエイン・W・ダイアー博士をはじめ、アラン・コーエン、ジョン・グレイ、ジャック・キャンフィールドなどが絶賛し、アメリカで発売後たちまちベストセラーとなった人気作です。

著者であるエスター&ジェリー夫妻が出会ったという、スピリチュアル・ガイドの「エイブラハム」からのメッセージを伝える形で前半は進みますが、後半ではそのときどきの感情に注目し、その気づきを人生に生かす22のプロセスが紹介され、それぞれが非常にすばらしいエクササイズとなっています。

今回はこの中から、**「ポジティブ・ノート」**と呼ばれるエクササイズをご紹介しましょう。
まず新しいノートを用意し、ノートの表紙に「ポジティブ・ノート」と書きます。
そして1ページ目の一番上に、自分がいつも幸せを感じる人の名前や、物事の大まかな内容を書きます。たとえば、「親友」「好きな人」「ペットの猫」「お気に入りの街」「お気に入りのレストラン」などです。

次に、書いた内容に意識を向け、「どこが気に入っているのか？ なぜ好きなのか？ ポジティブな面はどんなことだろうか？」と自分に問いかけます。

次に肩の力を抜いてゆったりとした気分で、その問いかけに対する答えを書いていきましょう。考えすぎず、軽い気持ちで書き流していきます。思考のおもむくがままに書き進めていき、書き終わったところでもう一度読んでみます。

以上が「ポジティブ・ノート」のエクササイズです。これを毎日、20分ほど続けていくとよい（じょじょに時間を延ばしていくとさらによい）とされています。

エスター&ジェリー夫妻によれば、このエクササイズを続けることで、ネガティブな意識を取り除いて、幸せな気持ちになる効果があります。

自分がいつも幸せを感じる人や物事、と言われてもとっさに思いつかない場合には、**ここ数日で楽しいと思った出来事や、一緒にいて楽しいと感じた人の名前**でもよいでしょう。軽い気持ちで始めてみてください。

あなたが「好きなもの」を考えよう。

BOOK : 47

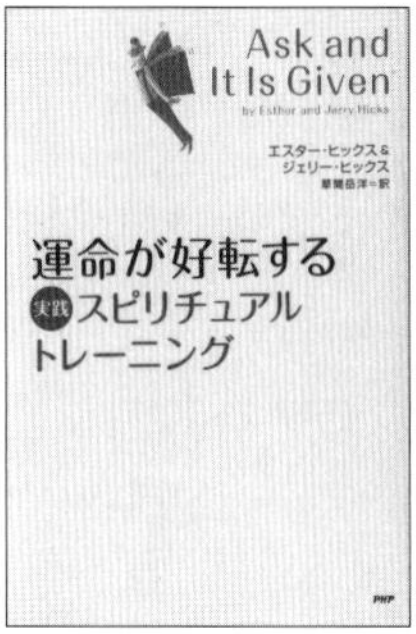

**『運命が好転する
実践スピリチュアル・トレーニング』**

エスター・ヒックス／ジェリー・ヒックス著　草間岳洋訳
（PHP研究所、2007年）

スピリチュアル・ガイドの「エイブラハム」からのメッセージと、人生を豊かにする22のプロセスを紹介する、話題の書。

BOOK : 47-2

この本もおすすめ

『引き寄せの法則 エイブラハムとの対話』

エスター・ヒックス／ジェリー・ヒックス著　吉田利子訳
（SBクリエイティブ、2007年）

スピリチュアル・ガイドの「エイブラハム」との対話をもとに、「引き寄せの法則」をうまく使い、望みを実現する方法を説く1冊。

CHAPTER7

HABIT

48

『幸福優位7つの法則』のショーン・エイカー先生に学ぶ、幸せを感じやすくなる習慣

「今日起こった3つのよいこと」を紙に書き出そう。

朝ごはんおいしかった…
昼ごはんもおいしかったな
晩ごはんもおいしかった〜
あー今日も幸せだった…

『幸福優位7つの法則』は、ポジティブ心理学の最先端の研究結果が書かれた名著の1つです。

著者のショーン・エイカーは、ハーバード大学の講師で、同大学で学生の評価が最も高いポジティブ心理学講座をタル・ベン・シャハー博士のもとで担当して人気講師となった人物です。その後、コンサルティング会社「グッドシンク」を立ち上げ、グーグル、マイクロソフト、ファイザー、UBS、KPMGなどの著名企業で成功と幸福の関係についての実証研究を行なっています。

同書では、「一生懸命努力すれば成功する」「成功したときに幸せが手に入る」のは因果関係がまったく逆で、**「人は幸せでポジティブな気分のときに成功する」**ということが強調されています。

エイカーによれば、200の心理学研究を統合し、実験の対象者となった人はおよそ27万5000人にのぼるメタ分析によって、**仕事、結婚生活、健康、友人関係、地域社会とのつながり、創造性などほぼすべての面で「幸福感が成功を導く」**ことが実証されたそうです。

では、ポジティブな気分や幸福な気持ちになるにはどうしたらいいのでしょうか。エイカーはわかりやすい例として、**「テトリス効果」**という現象を説明しています。

ある実験で、対象者に1日数時間、3日間連続でテトリスをやり続けてもらったところ、彼らの多くが実験のあとの数日間、「この世のすべてがテトリスの形に見える」という状況に陥ったそうです。

つまり、**人間はある1つのことにずっと意識を払っていると、そのことばかりが目につくようになる**、ということです。

この「テトリス効果」を応用して、エイカーは、寝る前に**「今日起こった3つのよいこと」を書き出す**、という方法を勧めています。こうすることで、脳はポジティブなことを探し始め、ふだんからポジティブなことに目を向けるようになるのです。

実際に、このエクササイズを1週間試した人たちは、その後6か月たっても、試していない人に比べて、**幸福度が高く、落ち込む回数が少なかった**という実験結果があるそうです。

非常に簡単で効果的な方法なので、ぜひみなさんも試してみてください。

「ポジティブなこと」に目を向けよう。

BOOK：48

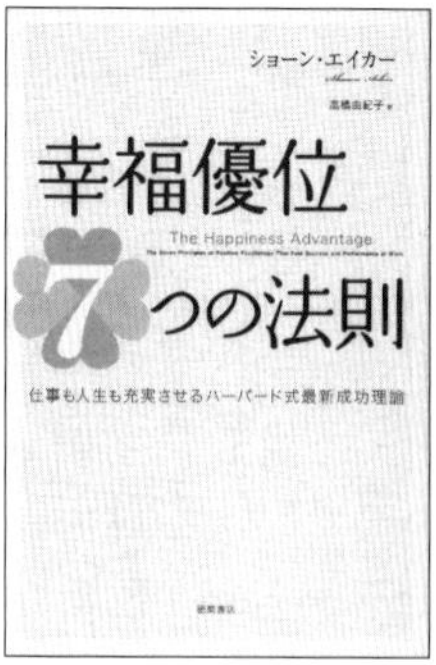

『幸福優位７つの法則』

ショーン・エイカー著　高橋由紀子訳
（徳間書店、２０１１年）

ハーバード大学の人気講師がポジティブ心理学の最先端の研究結果をまとめ、「幸せ」と「成功」の関係について明かした名著。

この本から他に学ぶべき 3つのポイント

POINT 1　少しずつ自分のコントロール範囲を広げていく

POINT 2　やめたい習慣はそれをするほうが「面倒」な状況に自分を持っていく

POINT 3　その行動のとらえ方が現実を規定することを知る

CHAPTER7

HABIT

49

『世界でひとつだけの幸せ』のマーティン・セリグマン先生に学ぶ、幸せな気分で1日を終える習慣

毎日「感謝する事柄」を5つノートに書こう。

ホテルの朝食のすばらしさ
通勤のロールスロイスの快適さ
会社での評価も上々
夕食のワインも最高
あとひとつは…
坊っちゃん書けましたか
じいに感謝！

38ページでもご紹介した、ポジティブ心理学の創始者にして権威である、マーティン・セリグマン教授の名著が『世界にひとつだけの幸せ』です。

この本には、幸せになるための様々な角度からの研究結果によりセリグマン教授がたどり着いた、自らの「強み」と「美徳」を伸ばすことで、仕事面だけではなくプライベートな面も含めてさらなる幸せを得る方法が書かれています。すでにご紹介した『7つの習慣』の著者、スティーブン・R・コーヴィーや『EQ－こころの知能指数』の著者、ダニエル・ゴールドマンをはじめ、そうそうたるベストセラー作家たちが絶賛の言葉を寄せています。

セリグマン教授はこの中で、ポジティブな感情を保つために過去のつらい感情を充足感や満足感に導くには、「容認」と「感謝」というアクションが有効であると述べ、特に後者に関して、次のような**「感謝する会」**という手法を紹介しています。

「感謝する会」は次のような手順で開きます。

今までの人生の中で自分のプラスになる大きな変化をもたらした人で、しかも感謝の念を表してこなかった人を選び、その人に感謝状を書きます。

次に、相手を自宅に招くか相手の家を訪問します。このとき、相手には面会の目的は伏せておき、ただ「会いたい」とだけ告げます。

そして贈り物として用意した感謝状を相手の目を見ながら読み上げ、相手の反応を待ちます。最後に、自分がこれほど相手を大切に思うきっかけとなった具体的な出来事について、一緒に振り返ります。

セリグマン教授が実際にこれを学生にやらせたところ、行なった人たちからは大絶賛を受け、「『感謝する会』を行なったあの日は、わが人生の最高の夜だった」という熱狂的な反応が寄せられたそうです。


この方法が難しい場合には、教授によると、毎晩、その日1日を振り返って、**感謝する事柄を5つ、箇条書きでノートに記す**、というだけでも効果があると言います。

たとえば、「朝、目覚めたこと」「友達の寛容さ」「すばらしい両親」「すばらしい健康」「ローリング・ストーンズ」など。

これを2週間続けて幸福度を計測したところ、**幸福度が高まりを見せた**、という実験結果があるそうです。ぜひ今日から試してみてください。

不義理をしていた人に「感謝」を表そう。

BOOK : 49

『世界でひとつだけの幸せ』

マーティン・セリグマン著　小林裕子訳
（アスペクト、2004年）

ポジティブ心理学の創始者が説く、自らの「強み」と「美徳」を伸ばすことで、公私ともにさらなる幸せを得る方法。

この本から他に学ぶべき 3つのポイント

POINT 1　楽しい出来事を「味わう」

POINT 2　自分の強みを特定して、仕事に生かす

POINT 3　うなずき上手・聞き上手になる

CHAPTER7

HABIT

50

『君に成功を贈る』の中村天風先生に学ぶ、読んで終わりにしない習慣

この本に書いてあったことを、まずは1つ実行しよう。

最後にご紹介するのは、『君に成功を贈る』という書籍です。同書の著者、中村天風は、明治時代に軍事探偵（諜報員）として活躍したのち、実業界に身を投じて財産をなしたものの、その財産をすべて処分して、思想家としての道を選んだという異色の人物です。

彼は日露戦争中、帝国陸軍の軍事探偵として満州で活躍。当時は勇猛で知られ、「人斬り天風」の異名を持っていたそうです。帰国後、当時不治の病であった肺結核を発病し、心身ともに弱くなったことをきっかけに、人生の真理を求めて欧米を遍歴、様々な哲学者、宗教家を訪ねるが望む答えを得られず、帰国を決意します。

その帰路、奇遇にもヨガの聖者カリアッパ師と出会い、ヒマラヤの麓で指導を受け、悟りを開くと同時に、病を克服したと言われています。その後、実業界で活躍したのち、「心身統一法」という独自理論を築き、以後50年にわたり、その教えを説きました。

東郷平八郎、原敬、松下幸之助、双葉山、稲盛和夫、広岡達朗など、様々な著名人が彼の影響を受けたと言われています。

同書の中で、天風が強調していることの1つは、**「実行する」**ということです。

天風は言います。青年時代には、誰でも人生の将来図を理想として持っているはず。けれど、青年から中年になって、青年時代に描いた夢を本当に現実化している人は極めて少ない。だが、夢を実現させている人もいて、その人たちは実現させるだけの資格を持っている。そしてその資格とは、「実行」、つまり**「誰に言われなくても、日々毎日、実際に努力している」**ということだ、と述べています。

天風自身、戦時は軍事探偵（諜報員）になったり、死病にかかってからもコロンビア大学に入学したり、インドで修業をしたり、帰国後は東京実業貯蔵銀行頭取、大日本製粉の重役などを歴任したのち、一切の身分と財産を放棄するなど、様々なことを「実行」しています。これほど説得力のある言葉はないでしょう。

「でも具体的に、何から始めればいいかわからない」と思う人は、**この本でご紹介した50の習慣のうち、何か1つでもいいので「実行」してみてください**。それがきっとあなたの人生を変える第一歩となるでしょう。

BOOK：50

『君に成功を贈る』

中村天風述

（日本経営合理化協会出版局、2001年）

東郷平八郎から松下幸之助、稲盛和夫まで、各界のリーダーに多大な影響を与えてきた哲人が語る「人生成功の哲学」。

この本から他に学ぶべき

3つのポイント

POINT 1　重要なことを聞くときは、恋人の話を聞く気持ちで聞く

POINT 2　いつも「楽しい」「面白い」「嬉しい」という気持ちを忘れない

POINT 3　今、この瞬間に感謝する

いいと思ったことは「実行」しよう。

まとめ

ここまで、世界の著名な自己啓発書より厳選した、人生を変える50の習慣を紹介しました。最後に、各章のポイントだけを簡単におさらいしておきましょう。

第1章のポイント

楽しく生きていくためには、日頃から、「少しだけチャレンジングなこと」や、「今までよりも新しいこと」「楽しくて意義があること」に取り組む。
また落ち込んだときは、自分の「思い込み」や「認知のゆがみ」を是正し、冷静さを取り戻す。

第2章のポイント

何かに悩んだ際には、「過去にピンチをくぐり抜けたときのこと」を思い出したり、「今後起こりうる最悪の事態」を覚悟したりして、心を落ち着かせて対処する。

迷ったときは、色々な手段を使って（たとえば「ワイズセルフ」「頼りになる老人」「自分の体」など）、「自分の奥底にある本当の気持ち」に聞いてみる。

第3章のポイント

夢や願望をかなえるには、自分の望みを紙に書いたり、言葉に出したり、イメージしたりすることで、それらを深層心理に刻みつける（一般的には「アファメーション」という言葉で呼ばれている手法です）。

第4章のポイント

限りある時間を有効に使うには、自分の人生の最期を思い、最終的に自分はどうありたいのかを考え、その価値観に基づいた人生の目標・目的を考える。

その上で、自分のやりたいこと・得意なことに集中的に時間を投下する。

第5章のポイント

人間関係をうまくやっていくには、相手の名前を呼び、約束を守り、相手を理解し、受け入れることで、相手とよい関係を保つ。

第6章のポイント

お金持ちになるためには、「見栄」や「習慣」で買っているものをやめて貯金にまわす。また、ネットワークを広げて、よりビッグな人と付き合うようにする。

第7章のポイント

幸せになるためには、「幸せを祈る」「感謝する」「楽しみにする」「外見を整える」「瞑想をする」「よいことに目を向ける」など、誰でもできる簡単なことを実践する。

以上が簡単なまとめになります。ぜひ、1つでも2つでも、気に入った習慣が見つかったら、実際に試してみてください。

一点だけご注意いただきたいのは、ご紹介した50の習慣のすべてが、どの人にも効果がある、というものではないことです。合う・合わないという個人差はやはりありますし、タイミングも関係あるはずです。試してみて自分にはあまり効果がないなあと思ったら、その習慣にこだわらず、他の習慣にトライしてみましょう。

おわりに

ここまでお読みいただき、ありがとうございました。ここから少しだけ私自身の話になりますが、ご容赦ください。

もともと、成功に関するノウハウを整理してまとめたものを発表したいという思い自体は、私の中ではずっと以前からありましたが、こうしてようやく書籍という形に仕上げることができました。自分の大好きな自己啓発書の数々と、自分が検証した成功習慣を同時に紹介できるということがとても嬉しくて、楽しくて、執筆中ずっと幸せでした。

私は自己啓発書が好きですが、世の中に出回っているそのほとんどが、著者個人の論理や経験を一方的に押し付けているような内容のものばかりで、客観的・実証的な分析アプローチがなされたものが非常に少ないことがとても不満でした。

今後も私はこうした分野の研究分析を続け、いつか、「自己啓発」とか「成功哲学」というジャンルが1つの学問体系として認められ、高校や大学などで教えられるようになるといいなあと思っています。それが今のところの私の夢で、この夢に近づくまで、さらに研究分析を深めていきたいと思っています。

なお、本書では「自己啓発の名著」各書の、本当にポイントだけをかいつまんでご紹介しました。ただ、それぞれの習慣の本質を理解するためには、やはり、もとの書籍をご覧いただいたほうがよいかと思います。

最後になりましたが、この本がより魅力的なものになるように、ともに一生懸命頭をひねって考えていただいたサンクチュアリ出版のみなさま、本書をカッコよくデザインしてくださった井上新八さま、ステキなイラストで本書を彩ってくださった高田真弓さま、そして誰よりも具体的なアイデアを一緒に出し合い、二人三脚でこの本を作り上げてくださった担当編集者の滝啓輔さまに多大な感謝を申し上げます。ありがとうございました。

著者

高田晋一（たかた しんいち）

成功データアナリスト。

早稲田大学第一文学部哲学科卒業。英国国立ウェールズ大学経営大学院 MBA プログラム Postgraduate Diploma 取得。大手広告代理店グループにて市場調査やデータ分析を担当し、年間数十本のプロジェクトを運用。自己啓発や成功哲学を統計的・科学的観点から分析することをライフワークとし、これまでに数百冊の自己啓発書を読破、その成功ノウハウを独自に分析。書籍、各種セミナー、雑誌やウェブサイトの記事などを通じて、分析結果を発表、その普及に努めている。著書に『「人生成功」の統計学 自己啓発の名著 50 冊に共通する 8 つの成功法則』（晋一名義、ぱる出版）がある。

※本書で書ききれなかった「成功習慣」の情報を以下のサイトで発信していますので、よかったらご覧くださいませ。
高田晋一の成功データ研究所
http://successful-data.com/

自己啓発の名著から学ぶ
世界一カンタンな人生の変え方

2015 年 10 月 20 日 初版発行

著者 高田晋一

イラスト 高田真弓
デザイン 井上新八
編集 滝 啓輔

発行者 鶴巻謙介
発行所 サンクチュアリ出版
〒151-0051 東京都渋谷区千駄ヶ谷 2-38-1
TEL 03-5775-5192 FAX 03-5775-5193
http://www.sanctuarybooks.jp
info@sanctuarybooks.jp

印刷 萩原印刷株式会社